# マルチタスク思考

Multi
Task
Mind
Work × Lif
Informati
Money Literacy
Connect The Dots


市議会議員 × 経営者
太
KEDO

# はじめに

今、時代は大きな転換期を迎えた。「迎えた」と過去形にしたのは、その転換期はとうの昔に到来しているからだ。後方遥か彼方。目を凝らしてやっと見えるか見えないかという遥か過去に時代という波は大きなうねりを起こした。

そして今、その変化の波はまさにピークを迎えている。しかし、その波に乗り遅れた、もしくはその波に乗るのを恐れ、時代の変化を否定する人間が数多く存在するのも確かだ。実際あなたもそのような人たちに出会ったことはないだろうか。

しかし、時代は否が応でも今度ますます変化の速度を速め、情報社会と呼ばれるこの時代は刻一刻とその姿を変えていくことを断言しよう。

この本ではそんな激流の中、予測不可能な変化を繰り返す今を生きる20代30代の若者に向けて書いた。

もしあなたが何不自由ないだけのお金を手にしており「人生最高だぜ！」と、心から楽しめる何かを持っているならば今すぐこの本を閉じて、その心から楽しめる何かに取り組んだ方がいい。何故ならば生は楽しんだもの勝ちだし、その時間は一秒でも長い方がいい。しかし、もしあなたが「このまま今の仕事を続けていいのだろうか」であったり、「なぜ仕事がうまくいかないのだろうか」など、少しでも今の自分の生き方に不安や不満があるのならばどうかこのまま読み進めてもらいたい。人生に必勝法なんてものはないが、次代を見据えて動く、その人生の羅針盤の作り方を伝授していきたい。

人生一〇〇年時代と言われて久しい昨今、日進月歩の医療技術によりボクらが健康的な身体で働ける時間は今後ますます増加するだろう。それだけ「働く」という概念はボクらの人生の大半を支配することとなる。そんな時代において、働くことに不安や不満を抱えることはとても恐ろしいことだと思わないだろうか。だってあなたの人生の大半を占める時間に苦痛を感じているのだから、それは人生の質を低下させることに等しい。

ＱＯＬ（quality of life）という言葉がある。読んで字のごとく「人生の質」や「生活の質」などと訳され、ボクらが生きるうえでの満足値を示す指標の一つだ。

ＱＯＬを向上させるには諸説あるが、ここでその最たるものを言い切ってしまえばそれは「働き方」だ。ボクらの人生の大半を占めるのが働く時間であり、この働くという行為から不安や不満を払拭して、働くことを楽しむこと、陳腐な言い方かもしれないがこれがＱＯＬを向上させる最強の方法だ。

政府も「働き方改革」といった旗印のもと、長時間労働や労働者間格差の解消、高齢者雇用環境整備などに力を入れているが、マクロな改革は個人個人のミクロまで落とし込まれることはありえない。

ではどうすればボクらは本当の意味で働き方を改革して人生の質を向上させることができるのだろうか。その答えがマルチタスク思考だ。

ボクは、タイトルにもあるようにあらゆる原体験を同時進行させる「マルチタスク思考」がＱＯＬを底上げして次代をより豊かに生きるための必須スキルであると考えている。

マルチタスクというと一つの業務時間内で同時に複数の作業をこなすことを指し、科学的見地より脳の萎縮や作業効率の鈍化が叫ばれている。
しかし、ボクが指すマルチタスクは業務時間内という狭義の意味ではなく、「人生」という広義の時間軸におけるマルチタスクだ。

わかりやすく言うならば「人生をマルチタスク化せよ」だ。これがマルチタスク思考だ。そして人生をマルチタスク化することは人生そのものをマネタイズすることに繋がる。マネタイズと言ってもお金を稼ぐだけがマネタイズではない。詳しくは後述するが、情報化によってあらゆるものの価値が変動した。その一つはお金だ。そしてお金の価値が変化した今、ボクらは原体験を積み重ね、スキルを身に付け、人脈を構築することで信用を積み重ねることが求められている。それを人生という大きな時間軸の中で稼ぎまくるのがマルチタスク思考だ。

一般的にイメージされる人生とはどんなものだろう。
義務教育から高校、そして専門学校や大学へ進学。卒業後は新卒である程度名のある企業に就職をする。仕事が安定してきた頃に結婚をして子どもを授かる。そしてそのまま定年までの人生設計を組み立て、波風の無い人生を謳歌する。確かにこれは今までの時代でいえば順風満帆な人生と言えたかもしれない。これまでならば。
しかし、テクノロジーの加速的な進化で社会はボクらの想像以上の速さで変貌を遂げている。これまでのような、一生涯をかけて一つのことをお行儀よくこなしていく時代は遥か昔にボクらの横を走り去ってしまった。

スティーブ・ジョブズのスタンフォード大学の卒業式で行われたスピーチがある。そこで語られた点と点が繋がる（Connecting the dots）ことの重要性を説いた話はあまりにも有名だ。
これは、過去の経験がその当時は思いもよらなかったことに生かせる状況を指している。スティーブ・ジョブズは大学生時代（厳密には退学後）にカリグラフィの授業を受け、その芸術的な美しさに心惹かれ、その経験がマッキントッシュのあの美しいフォントを生み出した過去の実体験から点を増やすこと、そして点と点が繋がり生み出される新しい価値の創造の希少性を語ってる。

ボクらの想像力なんてものはたかが知れている。しかし、人生で得られる体験はボクらの想像の範疇に収まることはない。

想像以上に楽しいことや嬉しいことがあれば、怖くて逃げ出したくなるような、不安で泣き出しそうなほど辛いこともあるだろう。

しかしすべての原体験を吸収することだ。その原体験はすべて点となり、やがて予期せぬ答えを見出せる瞬間が訪れる。

あらゆる情報と共に歩いているボクたちだからこそ、あらゆる原体験を通して人生をより豊かにすることができる。

そしてそれは何も特殊な才能がなくたっていい、誰にでもできることだ。

この一冊があなたたちの人生に点を増やし、やがては線となり面となる、そんな一助になる一冊となることを願っている。

# 目次

# 新しい
# スタートラインが
# 引かれた

一九九四年の高年齢者雇用安定法が改正されるまで定年の定義は五五歳だった。しかし二〇一三年の更なる改正で希望者は六五歳まで働けるようになり、二〇二五年には全企業に六五歳定年が適用されるそうだ。

超高齢化社会の到来で社会保障は事実上制度疲労を起こしている。日本の公的年金も制度は賦課方式、要するに今の年金支出分を現役世代が支払っているということだ。そのため、高齢化が進めば進むほど現役世代の負担は大きくなり、更なる高齢化が進めばもはやボクらが定年を迎えるころには年金制度そのものがないのではないか、そんな懸念も抱いている。

そんな激変した時代に生きるボクたちが過去の慣例に沿って生きることが正しいのだろうか。確かに慣例というレールに沿って歩くことは進むべき道が示されており、特段小難しいことを考えなくていいだけに楽かもしれない。しかし、時代の変化に沿って柔軟的かつドラスティックに思考、そして生き方そのものを変えていかなくてはこれからの時代に置き去りにされてしまうことは明白だ。

## 過去の慣例の一つに「年功序列制度」がある。

年功序列制度は日本特有の雇用制度といわれており、能力ではなく勤続年数や年齢などを重視して待遇や賃金面で「先に入社（所属）した者を優遇する」制度だ。今でも年功序列制度を導入している企業が数多く存在するが、なぜこんな理不尽な制度がまかり通っているかといえば勤続年数や年齢が高くなればなるほど組織内で必要とされるスキルや経験が蓄積され、企業の利益を生み出すことが前提とされているからだ。

戦後の高度成長期では各企業に求められている存在意義が明確だった。時代は復興というゴールに向かって実直に駆け抜けることが日本経済の底上げに直結していただけに年功序列制度は成立したかもしれないが、飽和の時代に突入した今では社会が企業に求めるニーズは多様化を極めている。

そのような中、「先に入社（所属）した者を優遇する」制度は正しい評価をくだすことができるだろうか。

先に入社したから偉い、年齢が上だから立派といった感性は既に終焉を迎えた。そもそもビジネスとは社会に幸せを提供することを目的としたシステムであり、経験や年齢が上でも社会に幸せを提供できない人は偉くもなんともない。もしあなたの会社がそんな人たちを重宝しているなら危機感を感じると同時にその仕組みを変える努力をすべきだし、それが無理なら早いうちに見切りをつけて他のコミュニティに身を投じることを強くお勧めする。

年功序列制度生みの親、パナソニック創業者の松下幸之助氏。松下氏は「従業員は家族と同じ、企業は従業員とその家族の面倒を死ぬまで見る。」という強い理念のもとに、「年功序列」や「終身雇用」という日本型雇用を初めて生み出した立役者だが、そのパナソニックが二〇一六年に年功序列制度を撤廃したのだから時代を反映した革新的な取り組みだ。

それほどまでに社会の大きな変化に伴い価値観が多様化したことで、これまでの経験や実績だけでは現代社会のニーズをくみ取ることが難しくなったんだ。

企業とはお金を稼がなくてはいけない。お金が無くてはそこで汗をかき働く人々の生活を守ることはできないし、より大きなプロジェクトを稼働させることもできない。同時にそのプロジェクトにお金を支払ってくれる対象、いわゆるクライアントが存在していて初めて成立する。ではそのお金を支払ってくれるクライアントはなぜ自分や組織のお財布から貴重なお金を出してまであなたの提供するモノやサービスを購入してくれるのだろうか。それは単純だ、その先に自分自身の幸せがあるからだ。

あなたが友人と食事をする時、本を買う時、デートをする時、「よーし、つまらない時間を過ごすぞー」と思いながらその選択肢を選ぶことはないだろう。誰だって楽しい思い、要するに幸せな時間を過ごすことを目的にお金を支払うはずだ。

クライアントだって同じだ。あなたが自社の製品やサービスを売り込むとき、クライアントはその製品を購入することで集客に繋げたり売上げを伸ばしたり、または業務効率の向上などを期待するだろう。それらは製品やサービスを通して企業をより良いものにするためであり、企業を幸せにするための投資だ。

募金箱への寄付だって同じことだ。あなたは何を思って募金箱にお金を入れるだろうか。きっと恵まれない子どもたちの環境を少しでも良くしたいと心から思ってお財布の中の百円玉を募金箱に入れたのではないだろうか。そこで発生するものは恵まれない子どもたちの環境改善であり、それがあなたの幸せであるはずだ。偽善的に聞こえるかもしれないが、もしあなたが恵まれない子どもたちの環境改善を不愉快だと感じるならば寄付なんてするはずがない。

「そんなことはない、嫌々お金を払うときだってあるぞ」といった声も聞こえてきそうだ。例えばカツアゲや罰金などがそれに該当するだろう。でもそれも嫌々ではあるが「より幸せな（より不幸が少ない、回避できる）選択肢」であることには変わりはない。だってカツアゲだって罰金だって君には断る選択肢はあるが、断ることでよりひどい目にあうことを知っているからこそお金を払うはずだ。要するに不幸の最小化といった選択だ。

人は皆、幸せを追求してお金を支払っている。だからこそビジネスは対象の幸せを想定して戦略を組まなくてはならない。

しかしＩＣＴ環境が整備されたことで昼夜問わず目まぐるしく情報は交錯しており、社会の価値観の多様化が進んだ。その結果、組織も個人も幸せの価値観がこれまで以上に複雑化しており、これまでの常識は通用しなくなっている。

一昔前、日本がこれほど豊かではない時代ではご飯を食べられること、ただそれだけで幸せを感じていたはずだ。しかし飽和状態の昨今、ボクらはご飯をお腹いっぱい食べられることが当たりとなり、今ではお腹いっぱいになるだけでは物足りず、「よりおいしい、より美しい食べ物」を求めるようになってきた。その他にもゲームはテレビ画面からスマホへと移行し、無料でプレイできることで子どもたちは次から次へと新しいゲームをそれこそ手あたり次第にダウンロードをしては新しい作品に興味を移していく。アパレルなどのファッションブランドは年々乱立することで消費者の選択肢はとどまることなく増加するなど、ボクらは大量消費社会の中で欲求のハードルを際限なく高めている。実際に十七年から十八年の一年間のＥＣサイトの市場規模を見てみると、物販系分野は約９．３兆円で伸び率は８．１％、サービス分野は約６．６兆円で伸び率11．６％、デジタル分野は２兆円で伸び率４．６％、総計では伸び率が９％とその勢いは数字にも顕著に表れている。

このように大量消費社会への流れは情報化によって一気に加速した。何故ならば、情報を扱える者はスマホの中で飛び交うそれこそ無限ともいえる情報の中から自分の好みにあった情報だけをキャッチ＆カスタマイズすることが容易に行えるからだ。

これは同時に企業含む発信者側にも大きな恩恵を生み出した。何故ならばこれまでは大きな枠組みで分別されていた対象（クライアント）が情報化によって細分化された結果、個に適応したニーズへのアプローチが比較的容易に展開可能となったからだ。

大量消費社会に対しては賛否それぞれあるが、ニーズの細分化によってボクらの選択肢が増加するとともに、よりニーズに合致するモノやサービスを入手できる状態であることは避けようのない事実であり、それによってボクらの幸福度は高まったと考えて良いだろう。

思いもよらない流れでお金は動きだし、そのお金が動く仕掛けに情報が大きく作用している。その流れを把握し、的確に扱うことで多様化した幸せの定義にビジネス的アプローチを当てはめていくことが社会で求められるようになった。

酷な話ではあるが、これまで社会で築き上げてきた実績と経験という積み重ねは社会変化に伴い強制的にリセットされてしまった。

これを新しいスタートラインと言わずして何と呼べばいいのだろうか。

これまでは数少ない情報をもとに戦略を組み立て、そこで希少価値が高かった先人の経験を要にロードマップを描く社会だった。しかしその先人の経験は情報があふれる現代社会ではこれまでと同等の価値を持たないことを理解しなくてはいけない。

ボクらは今まさに新しい時代の新しいスタートラインに立っている。そして10代も60代も、社長も平社員もフリーランスも今は同じスタートラインに立っている。

ここでスタートダッシュを切るためには既存の価値観に囚われず、自分の両眼をしっかりと見開き、既成概念に囚われることなくあなたを取り巻く現状を観察することだ。

強制的に皆が同じスタートラインに立たされた今の時代、10代20代の若者にとって圧倒的に有利な社会だと思わないだろうか。

社会の場で幸せを提供するビジネスは皆が横並びで動き出した。その中でもデジタルネイティブの若者こそが固定概念に囚われることなくあらゆるコンテンツを駆使して人々のニーズに応えることができる。

そして何よりもあなたたちには時間がある。ボクは現在三九歳。人が社会で活動する期間を20歳から70歳の50年間と考えると既に五分の二に差し掛かってしまった。

だがあなたたちには時間がある。何にだってチャレンジができるし、チャレンジの結果、もし失敗したとしてもいくらでもやり直す時間がある。環境は既に整っている。マルチタスク思考を実装することであらゆるものを原体験して、より多くの武器を手にした者がこれからの社会を創っていく。

だが、チャンスがあるということは次代を創る責任があるということでもある。チャンスと責任、この二つを双肩に担い新時代を築いてほしい。

どれだけ社会が変化しようが人が求めるものは変わらない。それは先述した通り「幸せになりたい」ことだ。あなたはなにをすれば幸せになれるのか、その思考もまた一つのヒントになるだろう。多様化した社会は日々新しい仕組みが生まれては消えていく。新しいスタートラインが引かれた。走りだせるのはスタートラインに立つ者だけだ。あなたはどうする？

# 今だからこそ
# マルチタスク

なぜ今マルチタスク思考が必要なのか。一部の界隈ではマルチタスクは非効率であり、マルチタスクの実行は悪しき習慣だとも言われている。マルチタスク思考を推奨するにあたり、まずは批判ポイントを押さえておこう

マルチタスクへの批判は主に「業務の非効率化」や「脳機能の低下」だ。そもそも人間の脳はシングルタスク向きに設定されているというのが複数の医療関係者の研究結果であり、そんな人間の脳に無理やり複数の業務を同時進行させるマルチタスクは脳に多大なストレスを掛けることとなり、業務の非効率のみならず脳機能の低下を招きかねないと示唆されている。

企画資料の作成業務を中断して息抜きついでにクライアントへのメールを作成する。PC業務の最中に打ち合わせの電話を挟み込む。スマホで動画を観ながら勉強をする等々。確かにこれのようなタスクの組み立てはミスを誘発するし、集中力といった点からも非常に非効率的だ。実はボクもこれらの「ぶつ切り業務」に対する辛辣な意見には賛同する立場だ。ボクは脳科学者ではないので感覚的な話になるが、業務のぶつ切りは思考を分散するし、仕事の「ノリ」をリセットしてしまう感覚は体感的に理解できる。

ボクが提唱しているマルチタスク思考は似て非なるものだ。というのも一般的に言われるマルチタスクは「ビジネス業務上の複数業務の同時進行」だが、ボクが指すマルチタスク思考は「人生における複数の原体験の同時進行」だ。

前者が、業務中に複数の業務をぶつ切りに組み合わせ息抜きという名目で、まるで適当に積み重ねたテトリスのように不必要な隙間を作り出す行動であれば、後者は人生という大きな枠組みにおいて様々な原体験を取り入れることで相乗効果を生み出す思考だ。

日本を支える政治や経済の仕組みは一朝一夕で大きく変えられるほど単純なものではない。しかし人々のニーズは多様化し、ボクらの価値観は先人には理解できないほど様変わりしている。そのような社会において、既存の仕組みの中でニーズに応えることはなかなかどうして困難を極めるだろう。

そのような社会環境に順応するためには仕組みではなくボクらが生き方そのものを変えていかなくてはいけない。一つのことに特化したスペシャリストが生み出したモノやサービスは確かに高い品質を誇っている。そこに異論は何一つ無い。しかし、多様化した欲求に対して高品質であることはもはや前提条件、それだけでは満たされなくなっているのが現代のニーズだ。

例を挙げてみよう。食べ物はおいしいのが当たり前。更に求められるのが値段であったり身体に良いか、食べやすさも条件に含まれるし、若い子たちの間では見栄え、いわゆる「映える」かどうかも条件に含まれる。映画館も同じだ。これまでは大スクリーンの大音響で臨場感満載な映画に満足していたはずが、今ではシートが動いたり水が出たり、更にはカップル向けのソファーが設置されている映画館も増えている。アートはどうだろうか。美術館では著名なアーティストの作品をどうすれば最も美しく魅せることができるかを念頭にライティングなどの空間演出が施されていたが、いまではARとの融合やプロジェクションマッピングなど、アナログ×テクノロジーの実装が普及している。

既にボクらを取り巻く様々なモノやサービスは本質×付加価値を求められている。いや、厳密には本質×付加価値＝本質へと進化していると言っていいだろう。その付加価値となる要素は専門分野だけでは得られず、分野外へまで視野を広めることが求められている。そこで必要となるのが他分野への原体験、マルチタスク思考だ。

専門性だけを追求するのではなく、人生という大きな枠組みの中であらゆる原体験を積み重ね、複数の原体験を組み合わせることで初めて多様化したニーズに対応することができる。そのためにも仕事とプライベートを切り離すのではなく、仕事とプライベートを組み合わせることだ。

ボクは市議会議員をしながら広告会社を経営し、個人ではＩＣＴコンサルタントやファイナンシャル・プランナーをしている。その他にもアプリ開発のプロデュースや政経セミナーの講師、ボランティア活動などをしている。もちろんこれだけのことをしていれば一般的にいう定時退社や休日なんて概念はないが、どの活動をしていてもその原体験は他の活動へフィードバックされ、経験値は爆速で増加している。

勘違いしてはいけないのは何も休みもなく働けと言っているわけではない。仕事を仕事、プライベートをプライベートと考えるのではなく、その垣根を取り壊すことが重要だということだ。ボクはもともとパソコンが好きで休日も趣味でプログラミングをしていた。それもあり知人から頻繁にプライベートでパソコン相談を受けていた。そこで得た知識を今ではビジネス展開しているだけであって、そこに労働といった感覚はない。同時にその原体験は議員活動やアプリ開発のプロデュースに繋がっている。

もし仕事とプライベートを分けているならば双方の原体験は相乗効果を生み出すことは

ないが、仕事とプライベートの垣根を取り壊していれば双方の原体験は互いを大きく引き伸ばす効果を生み出す。そのためのマルチタスク思考だ。

情報化の昨今、知識は既にボクらの手中に収められている。後は圧倒的な原体験の積み重ね。その原体験の積み上げを生み出すのがマルチタスク思考だ。

一昔前までは様々な知識を頭の中に叩き込んでいることが美徳とされ、学校など社会の場で重宝されてきた。その典型が学校のテストだ。豊臣秀吉がいつ何をしたか。水素の元素記号は何か。タイの首都はどこかなどなど。それらの期待に応えるべく、夜な夜な九九の暗唱や漢字１００問テストの書き取りなどの経験があなたにもないだろうか。もちろんそれらの知識が頭の中に入っていることはいつの時代も素晴らしいことではあるが、スマホという武器を手に入れたボクらは何も頭の中にそれらの知識を詰め込むこともなく、瞬時にそれらの答えを導き出すことができるようになった。

詳しくは後述するが、情報化によってこれまで重宝されてきた「記憶力」の価値は低下し、相対的に「情報」の価値が爆発的に向上した。要するに社会は異なる対象に価値を求めるようになったんだ。

ではスマホを持てば誰でも情報を武器にしたスーパーマンになれるかというとそうではない。何故ならば情報はそのままではなんてことはない文字の羅列でしかないからだ。

## あなたはどんな言葉に耳を傾けるだろうか？

スマホに表示されたホームページ、そこに記載されている情報を読み上げただけの言葉か。それともその情報に「熱量」が内包された言葉か。きっとあなたは後者の言葉に耳を傾けるだろう。

「熱のこもったメッセージ」と聞くと一昔前の熱血ドラマを彷彿させるかもしれないが、これは人が感情を持つ限り普遍的なものだ。

ではあなたたちはどうすれば情報に「熱量」を込めることができるか。それは圧倒的な体験を通して得た、いわゆる「原体験」に裏付けされた情報が一つひとつの言葉に熱を注ぎ込み聞く者の心を打つ。

既に情報は行き渡っている。ビジネスマンのスマホ普及率は既に90％を超えている。それらの情報をより強固な武器へと精錬するには圧倒的な原体験から生み出された「熱量」だ。

# 稼げないのか 何故あなたは

マルチタスク思考では仕事もプライベートも一つに括ることで、すべての行動をマネタイズへ繋げることができる。そしてビジネスに限らず人生の悩みにおいて「お金」はその大部分を占めるだろう。この項目ではあなたがなぜ稼げないのかを考えてみる。それはいい車に乗ったり、高級ブランドに身を包んだり、豪華なレストランに連日通い詰めるようなお金の使い方をするためではない。あなたが人生を賭してもチャレンジしたい、そんな目標が見つかった時に即座に行動に移せるだけの資産を築いているかどうかを判断基準にしてほしい。

ボクらは「働く」という概念をどこで学んだのだろうか。学校の社会の授業だったり親の働く姿、その他にもテレビでも働くことについて目にする機会はあるだろう。そして働くとは労働を通して賃金を手にし、その一部を税金として納める。ざっくりとだがこれが一般的な働くことへのイメージだろう。

義務教育の間で体験する社会科見学では実際に働いている人たちの様子を見学し、労働の素晴らしさを目の当たりにして働くことの尊さが刷り込まれる。

でも本当にそれが情報社会における「働く」ことの代表格と言えるだろうか。そもそも労働というものはボクらの生活に密接しており、ボクらは常に労働の結果に触れていると言っても過言ではない。

今着ている服はデザインから工場、アパレルショップといった様々なルートを経由して今まさにあなたの身を包んでいる。今朝食べた食事は農家や加工業、スーパーマーケットなどを経てあなたの血肉となっている。今あなたを照らしている明かりも電機会社が運営しており、スマホだってインターネットに接続するための通信会社が存在している。

そのすべてに対象がいてニーズに応えることで対価となるお金が発生しており、その土台には「働く」といった行為が行われている。あなたはこの仕組みに目を向ける習慣を持っているだろうか。世の中には数えきれないほど多くの流通やサービスが存在するが、最終的にお金を生み出す仕組みはそれぞれが異なるが、マーケティング手法はある程度共通している。

3C分析やPEST分析、SWOT分析など挙げればきりがないが、ここでそれぞれの手法を論じていてはページが足りなくなるので、詳しくは「マーケティング方法」などで検索してもらえれば十分だ。

ボクらは生活のうえであらゆる「労働の結果」に触れており、そのすべてがマネタイズされた結果だというわけだ。これってよくよく考えてみるととても貴重な情報ではないかだろうか。目にするモノ、触れるモノすべてがビジネスとして成功した結果なんだ。それをただ見過ごすのではなく、「このモノやサービスはどのようにマネタイズしているのだろうか」、こんなハテナを持つだけでボクらは日々の生活の中でビジネスの成功者から貴重な宿題を出してもらえるわけだ。答え合わせはスマホ一つで可能だが、何よりも大事なのはそこに宿題が隠れていることに気づくことだ。そこに気づくことであなたは新しいマーケティングを身に付けることで社会的ニーズに応えることができる。この習慣が稼ぐための第一歩だ。

同時にボクらは「自身の価値」をどのように教わってきたかも考えなくてはいけない。ボクらが社会に出るまでの評価はテストの点数だったり入学した学校の知名度だったりする。だが残念。それらの評価は情報社会では結果に直結しない。中卒でバリバリ稼いでいる人もいれば有名大学を出ても職場で追い込まれてうつ病になってしまったりと人生は人それぞれだ。気づけば学歴至上主義は崩壊し、社会に出て稼ぐには学歴はさほど関係ない時代となった。と、言い切りたいところだが、厚労省の賃金構造基本統計調査を見てみると中卒と大卒では生涯賃金に約1．5倍の開きを見せている。この数字から見ても学歴至上主義の名残はギリギリ残っているようだ。ではここで「ギリギリ」といった表現を使った理由は何かと言えば、誰もがその名を知る大企業、要するに大手企業や有名企業の採用条件に「大学卒」という手形が必要だったからだ。しかし、今では新しい働き方としてギグワークという概念が生まれた。能力さえあればフリーランスだって大手企業役員と肩を並べて働ける昨今、「大学卒」という手形の効力は薄くなるだろう。そうなればますます学歴の持つ影響力も薄まることが想定されるだろう。

社会に出た瞬間、これまで尊重されてきたテストの点数や学校の知名度とは異なった評価基準であなたたちの価値が測られることになる。

あなたの価値は何だろう。コミュニケーション能力か、それとも集中力、もしかしたら空気を読まない性格かもしれない。もはや正解のない時代に突入したともいえるが、間違いないのはあなた自身があなたの価値を模索することが必要だということだ。

あなたの価値が見出せたのならばそのオリジナルの価値を発信しまくることだ。よくある失敗例が「時間の切り売り」だ。時間を切り売りしているということは、マネタイズするために費やしているものがあなた特有のスキルが持つ価値ではなく時間だ。あなたがどんな優れたスキルを保有していたとしても、あなたのスキルから生まれる価値を正しく評価できるステージでマネタイズをしなくてはどれだけ素晴らしいスキルも宝の持ち腐れだ。

仮にあなたが素晴らしい歌声の持ち主で、その歌声で大勢の人を感動させることができるほどのポテンシャルを持っていたとしても、その歌声を浴室の中だけで鳴り響かせていては誰一人感動させることはできない。仮にあなたに石川遼選手を凌駕するゴルフの腕前が備わっていたとしても、ラウンドはおろか練習場（打ちっぱなし）にすら行くことが無ければ誰もあなたの才能を認めてはくれないだろう。これこそ宝の持ち腐れだ。

たまにボクのもとに「政治家になりたい」という熱い相談が寄せられる。もしかしたらその人は誰もが驚くほどの政治の才能を持ち合わせているかもしれないが、話を聞くと議場に傍聴に行ったこともなければ選挙のボランティアもしたことが無い人たちばかりだ。そもそも政治家とは政治活動している人全般を指すもので、何も議員に限ったわけではないのだから、政治家になりたければ誰でも、それこそ今日からでもなれる。しかし夢は持ちながらも思い切った行動を起こしていない人があまりにも多すぎる。

どれだけあなたが歌手になりたい、漫画家になりたい、政治家になりたいと思っていても、発信をしなければいつまでも「なりたい」のままだ。今の時代発信方法はいくらでもある。歌手になりたければ路上ライブをしてもいいし、ネット配信だっていい。漫画家になりたいのならば出版社に持ち込んだりSNSにオリジナルマンガを掲載すればいい。政治家になりたければ議員事務所に飛び込んでボランティアをすればいい。場所はいくらでもある。あなたの価値を存分に発信して、そこで得た評価をもとに軌道修正をかけ精度を高めていく。初めからうまく人なんていないのだから、失敗することを前提にどんどん発信をしてレベルアップしていけばいいじゃないか。

ニーズに応えること、そのために武器となるあなた自身の価値を見出して発信すること。これは情報社会において欠かすことができないアプローチだ。そこから先はあなた自身の価値を分析して社会的ニーズに応えればいい。だがここで注意しなくてはいけないのは目先のお金を追い求めはいけないということだ。時代は貨幣経済から信用経済に移行しつつある転換期だ。信用をストックすることが後々の財産になりうるため、大事なのはスキルを磨き、あなたのことを信用してくれる人脈を構築することだ。それを自己投資として捉え、徹底的にアプローチをしなくてはいけない。もちろん初めはどんなか細い人脈でも構わない。か細い人脈すらないのならばSNSだって構わない。SNSで有益な情報を発信しているユーザーは無償で情報を発信しているが、その情報に有益性を見出した人は発信者に対して大きな信用を持つこととなる。これはリアル社会でも同じことがいえるため、ボクらはまずはビジネスにおいては売上げと同じくらい信用の積み重ねを重視する必要性があるんだ。これは何も「小さな仕事をコツコツと」といった話ではなく、価格以上のサービスを提供することだ。それはクライアントが想像を常に上回るサプライズを生み出すこと。これを念頭に置いておくだけでいい。その積み重ねがやがては信用を生み出し、その結果、新しい仕事は信用を寄せるあなたに届くはずだ。考えてみてほしい。飽和時代といわれる昨今、モノやサービスのクオリティの差は限りなく小さくなってきている。それならばクライアントも見ず知らずの誰かにお金を回すよりも、信用するあなたにお金を回し、あなたに対する信用を高めた方が双方にとってメリットがあると思わないか。

逆に目先のお金を追い求め、安かろう悪かろうの仕事をしていてはあなたの信用はがた落ちだ。他のより信用の高い人間に仕事を奪われるのは火を見るより明らかだ。

日常にあふれるマーケティングのヒントに目を凝らすこと。
時間を売らずにあなたの価値を正当に評価するステージに立つこと。
目先のお金ではなく信用を稼ぐこと。

だまされたと思ってこの三つを取り入れてほしい。必ず次のステップへ進めるはずだ。

# マルチタスク思考

と

# マネーリテラシー

ここではマルチタスク思考とマネーリテラシーについて解説をしていこうと思う。先述した通りマルチタスク思考は仕事とプライベートの垣根を取っ払い、すべてが仕事でありプライベートとすることだ。

人生をマルチタスク化するということはこれまで何気なく行ってきたものをマネタイズすることができる。例えばボクはＩＣＴコンサルタントをしているが元々は趣味が講じ始めたビジネスだ。しかしそのＩＣＴコンサルタントをビジネスとして展開するにはプライベートの枠を越えて研究をしなくてはいけない。そのおかげもあり今のスキルは間違いなく趣味のまま続けていた頃よりも遥かに向上している。そうなるとどんな現象が起きるのか。その原体験はＩＣＴスキルが向上するだけではなく、他のビジネスにまで波及効果を及ぼす。例えば昨今急速に整備が整っている行政機関によるＩＴの設備投資に対してＩｃＴの専門家の知見を持って取り組むことができる。その他にも、新型コロナウイルス感染症防止のために発令された緊急事態宣言によってボクが経営する広告会社は紙媒体の広告物が半年近く受注停止となったが、ＩＣＴコンサルタントの経験から既存のクライアントに紙媒体のアナログ広告をリスティング広告含むデジタル広告へのシフトチェンジをプレゼンした結果、例年以上の売上げを達成することができた。

このようにマルチタスク思考はスキルアップ、マネタイズ、セーフティネットとあらゆる効果を生み出すことができる。そして多様なビジネスを股にかけることは畑違いの様々なニーズ、人々が持つ欲求に触れることができる。

マズローの欲求5段階説というものがある。

これは、心理学者アブラハム・マズローが「人間は自己実現に向かって絶えず成長する生きものである」と仮定し、人間の欲求を五段階に理論化したものだ。人間には五段階の「欲求」があり、一つ下の欲求が満たされると次の欲求を満たそうとする基本的な心理的行動を表している。

第一段階は生理的欲求、生きていくために必要な基本的・本能的な欲求、「食べること・寝ること・排泄すること」と必要最低限である生命の維持に対する欲求に該当する。

第二段階は安全欲求、安心・安全な暮らしへの欲求、第一段階からステップアップした欲求は「安全」を求めるようになり、自身を取り囲む環境への安全性に対する欲求に該当する。

第三段階は社会的欲求、友人や家庭、会社から受け入れられたい欲求、これまでの「自身への直接的な欲求」から、人と交わりたい、他者に認められたいなどの、所属に対する欲求に該当する。

第四段階は承認欲求、他者から尊敬されたい、認められたいと願う欲求、自尊心を高めること、地位や名声など他者からの評価をより高めたいという承認欲求に該当する。

第五段階は自己実現欲求、自分の世界観・人生観に基づいた独自性を発揮して、「自分らしくある」ことを求める自己実現の欲求に該当する。

## マズローの欲求５段階説

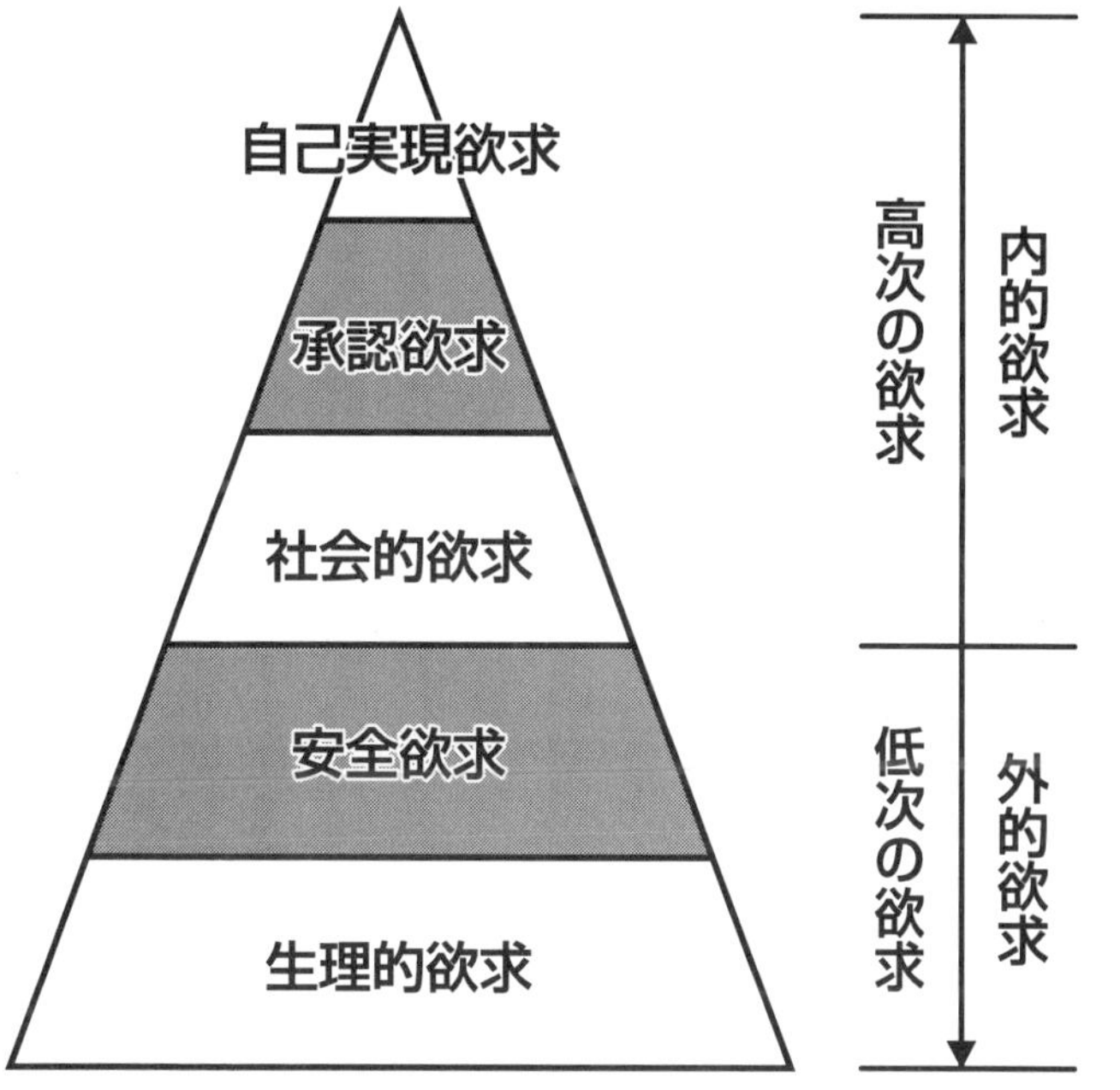


心理学者アブラハム・マズローが「人間は自己実現に向かって絶えず成長する生きものである」と仮定し、人間の欲求を5段階に理論化したもの。上位の欲求程内的な欲求となる。

社会制度が整備されるにつれ、ボクたちの欲求は変化し続ける。変化と言えば聞こえはいいが、ある意味贅沢になっているのかもしれない。

狩猟時代、人々はその日の食事を求めて狩りに出かけ、食べるものを手に入れ、家族を守るためにその言葉の通り命を懸けていた。

しかし人類は知恵と経験を持ちより、稲作という手法を生み出すことでより安全に、かつ安定的に食糧を手にすることが可能となった。

やがて安定的に食糧を入手することができるようになった人類は次の欲求に進む。それが地面に穴を掘り、その穴の中に柱を立て骨格を作る竪穴式住居だ。

だいぶ古い話になったが、人類は発展と共に欲求のレベルを上げていったというのは歴史が示す通りだ。第三段階の社会的欲求、第四段階の承認欲求について身に覚えがないだろうか?

ボクたちは常に家族や友人、会社というコミュニティに囲まれている。その中でも誰かれ構わず付き合うなんてことはしないだろう。お互いに分かり合える友人、理解力のある家族を求める。ほとんどの人はこんなことを考えるだろうし、それは決して間違ってはいない。

そしてその欲求が満たされればより高い評価を得たい、もっと注目されたいと、第三段階の欲求はやがて第四段階へと変化する。それは多くの人がＳＮＳで「いいね」や「リツイート」を求めていることからも明らかだ

ではここで一つ仮の話をしてみよう。

狩猟時代、命を賭して狩りに従事している飢えた男性に「なんでも交換できる券」があったら何を求めると思うだろうか？

暖かい布団や他者からの賛美、ましてや「いいね」なんか見向きもしないだろう。そう、ボクらは社会環境によって欲求が変化し、欲求の変化はお金の価値も変えてしまうんだ。

その変化し続ける欲求を常に幅広くキャッチするためには原体験が欠かせない。それも一つのフィールドではなく複数のフィールドに身を置くことだ。

マルチタスク思考の恩恵を最大限享受するには、様々な事業を展開することが前提ではあるが、それは企業に勤めながらでも可能だ。むしろ安定したサラリーマンという職を丁

寧にこなしながら副業を増やして経験値を積み重ねる方が堅実的であることは先述した通りだ。

あなたがサラリーマンであるならば労働の対価は給料として計算され、一定額の税金を差し引かれた「年収」という名称であなたの手元に届いていることだろう。対して経営者や個人事業主であれば事業の売上高を総計した「年商」という企業のお財布も扱う必要が生じてくる。

年商とは、そのお財布から事業を営むうえで必要な経費や維持費、様々な税金等を自分で支払いを行うため、サラリーマンの年収とはまた異なった視点からお金と触れ合うことが強いられる。

このサラリーマンの「年収」と経営者の「年商」の二つを扱うことで、同じお金でも「処理されたお金」と「処理するお金」という両側面を目にすることができる。

例えば同じ節約でも年収であるならば「安い品を選ぶ」や、「無駄なものは買わない」など、贅沢の抑制が真っ先に頭に浮かぶだろう。対して年商となると節税をするために、「どのような設備投資を行うか」や、「どれだけ人材を投入するか」など、どうやってお金を使うことで効率的な資産運用に繋げるかといった体験をすることができる。
お金の教養本やＳＮＳ上ではお金を稼ぐことばかりが取り扱われがちだが、本当に大事なのはお金の「使い方」だ。無駄な支出を抑え、効果的にお金を使って社会に循環させることが付加価値を生み出す。
年収という処理されたお金だけではなく、年商というあなたが処理しなくてはいけないお金を手に入れ、お金を使うことでお金を増やす、そのトレーニングがあなたのマネーリテラシーを磨き上げてくれる。

個人事業ならハンコ一つでノーリスクな開業が可能だ。得意なことや好きなことなんでもいい。世の中の誰か一人でもいい、たった一人で構わないからニーズに応えるものを選び出して、マルチタスク思考を持ってチャレンジすることが必ずマネーリテラシーの向上に直結する。

マネーリテラシーを身に付けたあなたは知識だけではなくお金の正体を見抜く慧眼を兼ね備え、お金に振り回されるのではなくお金を掌握する第一歩を歩みだせるはずだ。

マルチタスク思考を実装すれば自身を様々なフィールドに置くこととなるため、自ずと変化し続ける欲求に触れることができる。同時に年収や年商といった異なる形のお金を扱うことでマネーリテラシーを高めることで時代に沿ったニーズに応えることだ。

あなたは他者の欲求に触れているだろうか。お金の正体を見抜いているだろうか？これを無くしてマネーリテラシーは語れない。

まずは原体験を積み重ねマネーリテラシーを磨き上げよう。

# 既に境界線は失われている

マルチタスク思考を実装する。これは仕事もプライベートもひとくくりにして様々な原体験を積み重ねることだ。そうなると自然と様々なビジネスを展開することになるが、中には「本業をしっかりやれ！」と厳しい声が届くのも事実。だがその考えが今の時代に合っていると誰が言えるだろうか。

厚生労働省では、平成二九年の「働き方改革実行計画」において、副業・兼業の普及促進を促している。これは副業・兼業のメリットとして「労働者が主体的にキャリアを形成することができる」や、「自己実現を追求することができる」といった点が挙げられ、これにより国家的政策として副業・兼業が推進されているものだが、この取り組みははっきり言って遅すぎるとしか言いようがない。

政府の指すメリット主なは二つだが、本音のところを言えば高齢化社会による社会保障費の崩壊から「政府では十分な補償ができないから自分でしっかり稼げる体制を作っておくこと」といった裏テーマもあるのではないかと推察している。

ボクの推察はさておき、国も副業・兼業を推進している中、いまだに「本業一本を生涯勤め上げるのが本来の働く姿であり日本人の美徳である」といった思考回路は国をあげて否定されていることを認識すべきだ。

## 既に境界線は失われている

それでもチャレンジするあなたの耳に届く批判はあるだろう。だが過去の慣例に侵された思考で発せられる批判はむしろ成功の可能性を秘めている、それくらいで捉えるくらい抜きんでた個人でいたいものだ。

大半の人は仕事とプライベートといった二つの時間軸を持っている。そしてその時間軸を明確に切り替え、仕事とプライベートを分別して人生を過ごしているのではないだろうか。そしてその仕事とプライベートのバランスを整え調和するワークライフバランスという概念が普及されているが、ボクからしてみればワークとライフを分けて考えることそのものが時代に調和していないと考えている。

あえてワークとライフに境界線を設けて分断化する、そんな非生産的な話はない。なぜその二つをパッケージとして考えないのだろうか。

時代は既にボクらが捉えきれないほど膨大な情報で満ちあふれている。ビジネス、スポーツ、ファッション、ミュージック、コミュニティ、既にそれらの情報はビジネスや娯楽の垣根を超えてスマホという端末を経てボクらの手中に収められている。

そして情報社会の今、すべての情報には資産価値が生じており、インスタグラマーやＹｏｕＴｕｂｅｒ、ブロガーなどと呼ばれ、あらゆるコンテンツで新たな経済圏が生み出されているのは皆が知るところだ。

そんな新たな経済圏で生き抜く彼らに共通していることは、彼らの人生にはワークやライフといった境界線は取り払われているということだ。実際彼らのようなライフスタイルで生活できるだけの収益をあげることができるのは一握りである以上、それをさも社会の常識のように語ることはできないが、それでも彼らのライフスタイルはＩｃＴ技術の発達した情報社会だからこそ成立する生き様であり、既にボクたちが生きる現代において、ワークとライフの境界線はいつでも片足で飛び越えるほど擦れている。

ボクらは生きるうえでご飯を食べる、服を着る、車に乗るなど様々なモノに触れたりサービスを利用している。しかし、実はそれらのサービスの本質について深く知ることはないし、知る必要がなかった。

しかし、より良いサービスを求めるにはそのサービスの本質、仕組みを理解することは決して悪いことではない。何故ならばボクらは生きるうえで社会という括りの中でお金を稼がなくちゃいけないのだから、サービス提供者の視点を持つことが必要なのは当然だろう。

そんな中、インターネット上では様々な職種の人が様々な媒体を介して情報を発信している。その内容は本人からしてみれば当たり前と思えるような内容でも実際に携わったことが無い人間からしてみると好奇心をそそられる豆知識だったり、実際に生活に役立つお得な情報が満載だったりする。

だからもしあなたが自分の業務に関する仕組みに資産価値が無いと思っていたとしても、その仕組みに興味や関心を抱く人がいるはずだ。なぜならボクらは既に世界中、約四十三億人もの人間と繋がっており、その中にはあなたの発信する情報を求めている人は必ずいるのだから。

繰り返しになるが仕事の目的は対象をより幸せにすることであり、全く異なる業種であってもその根幹は共通点している。そしてその目的を達成するための手法論に落とし込む過程で様々なビジネスが生み出されている。

ビジネスはすべて同じ目的を有しているのならば、どの業種であろうとビジネスである以上そこから学んで無駄な情報は何一つない。「なんでこのビジネスはこれだけのメリットが提供できるのだろう」といった利点の学びもあれば、逆に「なぜこのビジネスには価格に対してお得感を感じないのだろう」といった反面教師も学びの機会だ。

情報社会の中にはあなたの業界では当たり前のような情報にも資産価値が生み出され、情報を扱える人間はその情報をインターネットという広がり続けるターゲット層に発信することでマネタイズを実現している。

そしてこれは仕事だけではなく、プライベートにも当てはまる話だ。あなたが楽しいと思うものはあなたに対してニーズがあるからあなたは楽しいと感じているはずだ。これまでリアル社会といった狭い範囲から、膨大に広がる情報社会という世界を対象とすることで、これまであなただけだったはずのニーズは世界中で共有され、多くの人のニーズとなる可能性を秘めている。

このことからもあなたの仕事だったりプライベートは既にその枠を越え、ボクらの想像以上に広がり続ける場でニーズを生み出している。もはや仕事だからとかプライベートだからとか境界線を自ら引くことに何の意味があるのだろうか。

失われた境界線の先を歩むか、それとも存在しない境界線を新たに作るもあなた次第だ。

# 社会の変化に目を凝らせ

社会の変化は価値観を変え､価値観の変化はあらゆる既存物の立ち位置をリセットした。ある意味ここがスタートラインともいえる重要な局面のため、少し時間をかけて社会の変化を紐解いていこうと思う。

ボクら人類が文化を持って以降の大きな社会変化と言えば産業革命だろう。

・第一次産業革命、石炭燃料を用いた軽工業の機械化
・第二次産業革命、石油燃料を用いた重工業の機械化・大量生産化
・第三次産業革命、機械による単純作業の自動化
・第四次産業革命、機械による知的活動の自動化・個別生産化

一昔前までは社会人の情報ツールであった携帯電話、その機能はせいぜい通話とメールだけだったものが、今では多機能化したスマホとなり、既に小学生のうちからその滑らかな媒体を巧みに操作している。このような情報化の流れは第三次産業革命から始まり、まさに今、第四次産業革命の真っ只中をボクたちは生きている。

第三次産業革命時代にスーパーコンピューター、通称スパコンがその名を世界に知らしめた。一般的なコンピューターでは解くことが困難な大規模かつ高度な科学技術計算を高速に行うことができるスパコンは、主に研究機関や企業などでその性能を存分に振るっている。具体的には、気象や流体の解析、化学分析やナノテクノロジー、空気流体力学や燃料消費、衝撃吸収性などの目も眩むような膨大なデータを分析し、ボクらの生活に密接したサービスの向上に役立てられている。

これだけの高性能なモノがボクらが寝ている間にもフル稼働しており、世の中を変えようとしているわけだ。ハッキリ言ってボクらがどれだけ肩をぶん回して「今日はたくさん仕事するぞ!」と意気込んでもスパコンの性能には到底追いつけないし、パソコンやスマホの普及から日々の業務だって自動化や効率化が行われ、人の手による作業は大幅に減少したのは周知の事実だ。

じゃあボクらはこれからの社会で役に立つことはできないのか。どこかの賢い人がスパコンを駆使している様子を横目に与えられた娯楽に没頭していればいいのだろうか。そうではない。何故ならばスパコンと言えど所詮は機械だ。どれだけ優秀なコンピューターであっても人間が命令しなくては起動すらできないし、人間の脳で生み出されるクリエイティブな発想を必要とする業務はまだまだ人の手や頭が必要とされていた。

しかし時代はさらに加速に加速を重ね、ついには「クリエイティブな仕事は人間しかできないんだ！」といったボクらの幻想は打ち砕かれてしまった。ＩｏＴ（Internet of Things）やＡＩ（artificial intelligence）技術の登場だ。これらの技術の目覚ましい進歩で、今までは人間しかできないと思われてきたクリエイティブ、複雑化した業務までもがコンピューターを用いることで対応可能となってしまった。

これらの技術の出現で相対的にますます人間が行う業務の価値は低下。徐々にボクらが手や頭を働かせる必要性は失われてきたというわけだ。

２０１４年にオックスフォード大学のマイケル・Ａ・オズボーン准教授が発表した「雇用の未来」という論文がある。この論文では、ＡＩの普及で「１０年後には今ある職種の半分が消えてなくなる」と示されていた。

警鐘を鳴らす意味もあったのだろう、そこに記述されている職業一覧を見るとこの論文が社会に対して若干煽り気味ではないかと思ってしまう点もあるが、実際に「レジ係」や「データ入力作業員」、「電話オペレーター」などはその業務を既にロボットにより自動化、または実験的にボクらの社会に導入されている。

# 10年以内にAIに奪われるであろう仕事一覧

| | |
|---|---|
| 銀行の融資担当者 | 仕立屋(手縫い) |
| スポーツの審判 | 時計修理工 |
| 不動産ブローカー | 税務申告書代行者 |
| レストランの案内係 | 図書館員の補助員 |
| 保険の審査担当者 | データ入力作業員 |
| 動物のブリーダー | 彫刻師 |
| 電話オペレーター | 苦情の処理,調査担当者 |
| 給与・福利厚生担当者 | 簿記、会計、監査の事務員 |
| レジ係 | 検査、分類、見本採取の測定員 |
| 娯楽施設の案内係、チケットもぎり係 | 露店商人 |
| カジノディーラー | 映写技師 |
| ネイリスト | カメラ、撮影機器の修理工 |
| クレジットカード申込者の承認業務 | 金融機関のクレジットアナリスト |
| 訪問販売員、路上新聞売り | メガネ、コンタクトレンズの技術者 |
| 集金人 | 殺虫剤の混合、散布の技術者 |
| パラリーガル、弁護士助手 | 義歯制作技術者 |
| ホテルなどの受付係 | 測量技術者、地図作製技術者 |
| 電話販売員 | 造園、用地管理作業員 |
| 塗装工、壁紙張り職人 | 建設機器オペレーター |

出典元：雇用の未来

ここからもわかる通り、ボクらの仕事はＩｃＴ技術の進化と共に自動化されている。しかしこれらを嘆く必要はない。だって仕事をコンピューターが勝手にやってくれるなんてありがたい話ではないか。

よく考えてみてほしい。昔々の人々は馬にまたがり何時間もかけて荒野を越えていたし、お風呂に入るにしても重たい斧を振り回して薪を作り、それを火にくべ焚いていた。二十～三十年ほど前までは仕事の資料は手書きで作成。紙面の情報共有にその都度お手紙を出していたし、社員同士の連絡はポケベルで数字の羅列を解読していたんだからその苦労は想像もしたくない。

今はどうだろう。移動手段の主力は馬から自動車に代わり、季節を問わずエアコンのきいた車内はとても快適だ。しかも自動運転技術も徐々に進化しており、十年以内の実装はまず間違いないだろう。お風呂は薪どころか桶いっぱいの水を運んで貯める必要もなく、ボタン一つで一日の疲れを流し落としてくれる快適な温度となる。ちょっと贅沢なご家庭ではテレビモニターを設置しているお風呂だってある。資料作りは指にタコができるほどペンを握る必要もなくなり、資料の共有もパソコンやスマホで十分だ。クライアントに送付する資料もメールで何枚でも送り放題。これによって仕事が奪われたと思うか、効率化によってよりニーズの高い、必要性の高い業務が行えると考えるかは誰の目にも明らかだ。

仕事は奪われたのではなく、今の技術において不必要だから無くなったんだ。そして無くなったことでボクらは人生をより豊かにする新たなサービスを生み出す機会に恵まれ、そこに新たな雇用が生まれる。

想像してみてほしい。朝起きて会社に行くのに馬にまたがり小一時間。会社に着けばボールペンのインクが無くなるほど資料を手書きし、先方に送る資料は一つひとつ丁寧に郵送する。そして家に帰るためにまた馬にまたがらなくてはいけない。そのため道端には馬の糞があちこち散乱していてとても不衛生だ。やっと家に帰ってきたと思ったら薪に火をくべ、長時間釜の前に座り込みお風呂が沸けるのを見届ける。そうだ、お風呂に入る前に馬の手入れも忘れてはいけない。想像しただけでもぞっとする日常だ。そんな生活に戻りたいと思う人がいるだろうか。少なくともボクはゴメンだ。

少し時代がごちゃ混ぜではあったが、これらは過去に確かに存在した業務だった。ボクらがこれらの業務から解放されたのも科学技術やＩｃＴ技術の進歩があったからだ。そしてその延長線上にあるのがやがて訪れる第五次産業革命だ。

一部からは第五次産業革命に対してネガティブな意見も飛び交っている。しかしどの時代も変化が訪れるとき、恩恵と痛みの両側面が存在する。例えばそれまでポケベルのパーツを作っていた人たちは携帯電話の普及で仕事が無くなってしまった。しかし、新しい技術に取って代わるということは同時に代替品が生まれることで新たな雇用を生み出すということでもある。その痛みを受け入れた先にそれ以上に大きな恩恵が待ち受けており、ボクたちはその歴史を繰り返し進化してきた。進化の波は「恩恵と痛み」を抱きかかえ日々刻々とその歩みを進めている。その事実に対してボクらはネガティブなイメージを持つ必要はない。むしろラッキーと思っていいはずだ。痛みはやがては消えるが恩恵は遺産となり残り続けるからだ。三十年後の新社会人に今の社会の話をしたら「先輩の時代って毎日通勤してたんですよね、ヤバくないっすか（笑）」なんて言われる時代になっているだろうし（そもそも「新社会人」という定義自体存在しない可能性もあるが）、ボクらをより豊かにするサービスが日々続々と誕生するんだ。これにワクワクしないはずがない。

先ほど人間が行う業務の価値は低下していると書いたが、お風呂を沸かすために薪を割るという業務にどれだけの価値があるだろうか。薪を割ってお風呂を沸かす業務自体に意味があり、それが一つの目的ならそこに価値を見出すことはできるが、一日の汚れを落とす、身体の疲れを流し落とすためにお風呂を沸かすことが目的であればボタン一つで温かいお風呂が沸けた方がいいに決まっている。要するに薪を割って沸かす必要は皆無ということだ。これが技術の進歩によって必然的に低下した価値の事例だ。

ＰＣ業務の自動化であるＲＰＡ（Robotic Process Automation）が徐々に浸透している昨今、Ｅｘｃｅｌのデータを一つひとつ懇切丁寧にコピペする技術は求められていない。あなたがどれだけ巧みにマウスやキーボードを操り、完璧なコピペ技術をその手に宿していたとしても、ＲＰＡを組み立てることができる人材には到底かなわないし、むしろ後者に今の社会は価値を見出すだろう。

しかし、そこに対して「人の手によって作業することに価値があるんだ！」という「昔ながらの人情派」が一定数いるのも確かだ。そんな人には洗濯板と固形石鹸を与えてみよう。多分使わないから。

社会の変化は０━１００ではない、グラデーションだ。ある日突然大きな変化が起きることはない。ゆるやかに、だが確実に日々少しずつ変化を繰り返している。その変化に対して目を凝らすこと、一見すると何一つ変わりのない日常に対しても「本当に変化はないのだろうか?」という疑いの目を持ちながら両目を細め凝視することが必要だ。日々の小さな変化に気づけないのならば、自分たちの生活に直結する大きな変化が訪れた瞬間に慌てふためき、その変化に順応できなくなってしまう。だからこそ日々の小さな変化に目を凝らしてほしい。その習慣が変化に乗り遅れない俊敏性を備えた足腰を作り上げるコツだ。

# 情報が支配する現代

ボクらは今、膨大な量の情報に取り囲まれている。
朝起きてからあなたの身の回りにはどれだけの情報があふれているだろうか、そしてあなたは日々どれだけの情報に触れているかを数えてみるとよい。テレビや新聞、ラジオなどの過去から継続されている従来型の情報があれば、インターネット上のSNSやメルマガ、ポータルサイトにYouTubeなどの動画サイトなどの情報。あなたは一日を通して数えきれないほど膨大な量の情報コンテンツに触れているはずだ。

時代が変わったとはいえテレビなどの従来型の情報コンテンツもまだまだその影響力は根強く、一部歪曲された情報が視聴者であるボクらをコントロールするほどの力を持っている。その影響力は顕著だ。数字で見てみよう。IT大国と言われ、世界的にも大きな影響力を保持するインド。その背景にはインドとアメリカとの時差十二時間という立地的強みがあり、シリコンバレーやシリコンプレーンで開発されているソフトウェアを現地業務後に取り掛かることで二十四時間体制で開発を進めることができる。その立地的好条件もありIT大国としての地位を確立したインドだが、いまだ男尊女卑の文化が根付いており、女性の社会進出に歯止めをかけているといった事実もある。しかしそれでも過去に比べたらかなりマシになったといわれている。その理由がテレビだ。これまでは夫の妻への

## 情報が支配する現代

暴力は当たり前、ひどい話では女性は生産性が低いといった理由から妊娠中に生まれてくる子どもが女の子と分かるや否や中絶してしまうなんてことが往々にして行われていたそうだ。（それによって産助婦に報酬が支払われていたとも言われている）

ではその男尊女卑にブレーキをかけたのは何か。それは世界中の情報を発信する情報ツールであるテレビだ。インドの女性はそれまで自分たちが強いられている劣悪な環境を相対的に知ることすら叶わなかった。しかし、テレビという情報ツールが普及することで世界中の情報が彼女らのもとに届き、自分たちが置かれている環境の問題点、そしてその問題点にどうやって向き合い改善すべきかを学び行動を起こしたことで、インドの女性の社会的地位は格段に向上した。テレビがもたらした影響はインド社会の在り方を変えるきっかけとなったんだ。それまで政府がどれだけ介入しても成し遂げられなかったのにだ。

事実、テレビを手にした家庭では女の子を学校に通わせている割合が高かったり、女性の健康面でのリスクが低下したことが数字として表れている。それだけテレビという情報がもたらした影響力の大きさが垣間見えた変化だ。

そして今、ボクらはインターネットというこれまでとは質の異なる情報ツールを駆使している。このインターネット上で飛び交う情報の持つパワーに気づかないのは現代社会においては危険とも言える。同時にその価値を把握している人はあらゆる局面でその強みを武器に自由を謳歌している。

あなたがイメージする自由とはどんなものだろう。自由の定義を辞書から引っ張ってきたところ、こんな説明が記述されていた。

1 自分の意のままに振る舞うことができること。また、そのさま。「自由な時間をもつ」「車を自由にあやつる」「自由の身」など。

2 勝手気ままなこと。わがまま。

3《freedom》哲学で、消極的には他から強制・拘束・妨害などを受けないことをいい、積極的には自主的、主体的に自己自身の本性に従うことをいう。つまり、「…からの自由」と「…への自由」をさす。

4 法律の範囲内で許容される随意の行為。

要約すると「法律の範囲内で好きなことを好きなだけ実行することができる」状態を自由と呼ぶそうだ。ではそれが情報を武器にすることとどう関係があるかを考えてみよう。

## 情報が支配する現代

弱肉強食はどの時代、どの環境においても普遍的だ。資本主義社会において情報を軽視する者は情報弱者となり、情報を巧みに操る情報強者に搾取される未来しか残されていない。だから改めて情報の持つ強大な影響力を認識してほしい。

まずインターネットについて考えてみよう。インターネットといえばなんといっても「いつでも、どこでも、誰とでも繋がれること」といったユビキタス概念が真っ先に挙げられるだろう。もはやこの辺りは小学生でもピンとくる話だ。インターネットにより移動など物理的制約を取っ払ってボクたちは時間、費用のコスト削減を実現したうえでコミュニケーションが可能となったが、享受しているメリットはコミュニケーションだけではない。その他にもクラウド上でのデータ共有が容易になったことで、これまでファックスや郵送といった時間、費用を投じて送り届けていたテキストや動画データなどの情報を有したモノも瞬時に相手の手元に表示されることが可能となった。

さらに資料をデジタル化することで物理的スペースを必要とせずに保管できるようになっただけではなく、時間と共に劣化していく紙媒体もデータ管理することで湿度や防水など管理環境に神経をすり減らすこともなくなった。

このようにインターネットのメリットは数多くあれど、インターネット上で飛び交う情報が持つ特有のメリットについては、エンジニアなどのITリテラシーに長けた分野に従事していないとなかなか触れたり目にすることはできない。そのため、「情報はスゴイ!」と言ってもピンとこない人もいるだろう。そこで、実際に情報がどのように活用されているかを知ってもらうためにも簡単な事例を挙げてみよう。

あなたは今、恋人に誕生日プレゼントを買おうとジュエリーショップのショッピングサイトにアクセスしている。そこには指輪やネックレス、ブランドバッグに香水など様々な商品が画面いっぱいに並べられている。そこは実店舗よりも遥かに品数が充実しているため、連日多くのアクセス数を稼いでいる。

あなたはサイト内の商品を一通り見比べ、悩みに悩み抜いた結果ついに恋人にピッタリなデザインの指輪を購入した。

その際、何気なく入力した情報からあなたの住まいや年齢、関心、好み、さらには恋人の指のサイズまでもがジュエリーショップに吸い上げられている。ジュエリーショップは入力された情報から、「どの層に」「どの商品のニーズがあるか」「どの地域からアクセスされているか」などの分析を行い、その結果を企業の強力なビジネスツールとして活用している。

同様に、あなたが毎日のように利用している検索ツールも、そこで入力された情報を集計して分析し、その結果はあらゆる姿に形を変え、様々なマネタイズツールとして活用されている。

その一例がリスティング広告だ（検索エンジンの検索結果にユーザーが検索したキーワードに連動して掲載される広告）。あなたの検索したワードを分析した結果、あなたのPC画面の至る所にあなた好みの広告が表示され、購買意欲を掻き立てる。きっと身に覚えがあるはずだ。

これは検索ツールやオンラインショップに限定した話ではない。

世界一のシェアを誇る動画サイト、ＹｏｕＴｕｂｅではレコメンド機能であなたのこの好みに合致するであろう動画をおススメしてくれる。これは過去の動画閲覧履歴からあなたの好みを分析しておススメ動画を厳選している。

その他にも今では国内普及率70%超えのLINEでは、通信情報の一部（ユーザー同士のトーク、無料通話における情報、タイムラインの情報、WEBサイトの閲覧に関する情報などなど）を収集することで、統計的に社会的ニーズを割り出し、価値ある情報を入手してボクらに無料サービスを提供している。

要するにだ。ボクらはこれまで汗をかいて働く。働いた結果、ある程度の賃金を得て、そのお金をボクらが求めるモノやサービスに支払っていた。しかし今ではそれらの過程をすっ飛ばし、僕らが持つ「情報」を企業に提供する代わりに多種多様なサービスを受け取っている。

ここで「情報の提供」＝「価値の提供」という認識を持っている人がどれだけいるだろうか。情報社会の基本であるはずの情報の流れについて、残念ながら老若男女問わずこの認識が薄い人の割合が多いと言わざるを得ない。

情報を抜かれることに薄気味悪さを感じる人もいるが、その点ならなんの心配もいらない。何故ならばあなたが仮にテストで0点を取ろうが、マニアックなアダルトサイトにアクセスしてようが、そんないち個人のプライベートに大企業が求めるモノは何もない。あくまでも情報は大きな箱に片っ端から突っ込んで見えてくる統計に価値があるからだ。

いち個人のデータではなく統計データに価値を求めるのには理由がある。それは企業がそもそも情報にお金と同等の価値を見出していることと関連性がある。

例えばボクのような「30代男性」の情報を膨大に持っているIcT企業があるとしよう。そのIcT企業は膨大な情報を分析することで、仮に「30代男性の好きな食べ物はエビの天ぷら」という答えを導き出したとしよう。その情報が欲しい業界はどこか。飲食業界だ。「30代男性の好きな食べ物」という情報は飲食業界からしてみれば喉から手が出るほど欲しい情報だ。だってその情報があれば今までのようにやみくもにお金をかけることなく、ピンポイントにターゲットに狙いを定めた販売戦略を打ち出すことができるからだ。だから飲食業界は資金を投入してその情報を入手し、「30代男性」向けにエビの天ぷらを猛プッシュする。なにせ膨大な情報に裏付けされているわけだから、外れる可能性の方が低い。その結果、飲食業界は情報につぎ込んだお金より多くの売上げをたたき出すことが可能だ。

本来はもっと複雑な仕組みだが、わかりやすくするためにあえて簡素にしてみたがいかがだろうか。大まかにでも統計データの価値がわかってもらえたと思う。

だからこそボクらは「情報＝タダ（無料）」という考えをしていてはいけない。何故ならば情報は扱い方によっては有益かつ強力な武器になるからこそIcT企業は多額の予算を投資して生み出した様々なサービスを無料で提供しているのだから。

情報には価値がある、この事実はこれからの社会においてあなたがマネタイズをする際には主軸となる可能性だって含んでいる。

ボクらは日々情報を提供している。それも決してタダで提供しているわけではなく、様々なサービスを受ける対価に情報を提供しているんだ。

その価値を理解するためには、ボクらが提供している情報がどのように形を変えて社会の波に乗り、どれだけの資産価値を生み出しているのかを考えなくてはいけない。

その価値を理解したうえで提供するのと、価値を感じ取れず提供するのでは雲泥の差がある。そして価値を知る者は価値を知らない者より情報の扱いに長けている。そして情報社会において情報を扱えない者は行動に制約が掛かるためため、不自由であると言わざるを得ない。

情報を扱う者、情報を利用する者、情報を搾取される者。ボクらは搾取される者になってはいけない。

あなたは恋人の最高の笑顔を見るために恋人の好みや日頃の言動といった情報を収集、分析した結果プレゼントを購入したはずだ。これだって立派な情報分析であり、あなたが無意識のうちに情報を活用している瞬間だ。

情報を扱う者、情報を利用する者は日々増加している。あなたはいつまで搾取される側にいるつもりだ。情報は武器だ。そして情報を武器にすることであなたは自由となる第一歩を踏み出せる。

# 情報の価値を見抜け

明日の天気は晴れだろうか？以前気になっていたあの本のタイトルはなんだっけ？あのＣＭに出ているアイドルの名前はなんだろうか？身近なものから、知的情報、果ては今夜のテーブルに並べる予定の「おふくろの味」までもがインターネット上にごろごろと転がっている。それだけじゃない、アナログ媒体でいえば電車の吊り広告や折込チラシのセール情報、テレビＣＭなどボクらの身の回りには常に情報が所せましとあなたに必死のアピールをしてくる。

それは同時に社会の価値観全体に変動を起こした。いままで価値があったモノが情報化によってその価値を失ったとされるモノは数多くあるが、その一つが「記憶力」というスキルだ。

これまで僕らは教育の中で様々なことを記憶することで知識を積み重ねることが求められた。文法や年表、数式や英単語などそれこそ頭が痛くなるほどの知識を頭の中に記憶することを求められてきた。より多くのことを記憶できるという能力は社会的評価の一つであり、子どもたちの間でも頭が良い（実際は記憶力が良いという表現の方が適切かもしれないが）ことはプラス評価となり周囲から羨望のまなざしを向けられていた。

もちろん数多くの知識を頭の中に記憶できる能力は決して無駄ではないし、今でも社会的評価の一つであることは間違いないだろう。しかし、それらの記憶は無駄ではないにしても優先順位は著しく低下している。何故ならば僕らはスマホ一つで記憶した以上の情報を引き出せる環境にあるからだ。

ボクは会議でもスマホを活用する。その方が精度の高い情報が得られるし、精度の高い情報があれば有益な発言ができるからだ。しかしスマホ＝娯楽品というイメージはまだまだ払拭されておらず、会議中にスマホを触ることにまだまだ肩身の狭い思いをしているのも事実だ。

しかし考えてみてほしい。何か新しいプロジェクトについて議論するときに、僕らは頭の中にある情報だけで議論をするのと、国内は当然ながら世界各国で実施されているプロジェクトの事例や最新の取組みを参考に議論をするのとではどちらが濃い議論ができるだろうか。

ボクの会社では新しい企画を立ち上げるときは必ずプロジェクトチームを立ち上げる。このPTの人選をする際、ボクは相手が有する知識量は重要視しない。関ヶ原の戦いがどこで行われたか、日本の今年度一般会計予算の内訳をすべて頭の中にストックしている人材よりも、今求められている情報がなんであるか、そしてどんなキーワードでググれば瞬時に、かつ精度の高い情報を得られるかの情報活用能力を持っている人材の方がチームとして即戦力になるからだ。

情報化に伴い記憶力の価値は相対的に激減しており、この情報化の流れは今後ますます速度を上げて進化し続けるだろう。だからこそ情報活用能力は次代を生きるための必須スキルであると断言する。（それでもたまに知識最優先の人もいるが、そんな人と出会ったら怒らせない程度にスルーしよう）

ではその情報を上手に活用しているのは誰だろう。ボクらの身近なサービスである動画サイトのＹｏｕＴｕｂｅで考えてみよう。

今では世界最大手となった動画サービスのＹｏｕＴｕｂｅ。リリース当初は他にも類似サービスが後追いでいくつか出現したが、今では他を大きく引き離して独走、圧倒的なシェアを占めている。スマホアプリ利用率、利用時間では一位の座こそＬＩＮＥに奪われてはいるが、他のアプリから頭一つ飛び出し二位の座に鎮座している。そしてＹｏｕＴｕｂｅ

では数多くのＹｏｕＴｕｂｅｒが日々面白く、またビジネスやプライベート問わず参考になる動画を更新して多くのファンを惹きつけている。

そんな彼らの動画をボクらは無料で観ることができる。テレビのＮＨＫでさえ受信料を払わなくちゃいけないのに、それよりも圧倒的ボリュームを誇るチャンネル数のＹｏｕＴｕｂｅをだ。その仕組みはどうなっているのか。ＧｏｏｇｌｅはＹｏｕＴｕｂｅを公開しているのだろうか。そうではない。ボクらはＹｏｕＴｕｂｅにお金ではなく様々な情報を提供することでビジネスが成立しているんだ。

ＹｏｕＴｕｂｅでは大きく分けて収益化に三つの方法を導入している。広告によるアドセンス収益、スーパーチャットやメンバーシップによる収益、そして企業案件収益だ。この中でもアドセンス収益は特に情報を活用したマネタイズ法ともいえる手法のため、今回はこの手法を用いて説明したい。

仕組みとしては簡単だ。動画が始まる前に宣伝動画が流れる。ボクらが宣伝動画を観ることで配信者側に収益が発生する。そのお金はどこから出るかと言えば広告動画を配信している企業からＧｏｏｇｌｅを経由して配信者側にお金が支払われる。

ではこれで広告動画を配信している企業はお金を出すだけかというとそうではない。広告動画を通して企業のブランディングや購買意欲を刺激する効果が期待される。テレビＣＭとの違いは、地域・性別・年齢・好み・キーワード・時間帯などを詳細に設定できるため、ターゲット層が把握しづらいテレビＣＭと比べて潜在顧客層に絞った配信が可能となっており、より効果的なアプローチが可能だ。これも情報社会の特性と言える。だってそうだろう。あなたたちがビックリマンチョコを売るとしたら誰にアプローチするだろうか。糖尿病に悩むお父さんに商品を必死になって宣伝してもまあ売れることはないだろう。その点メインターゲットである子どもたちに絞り込みアプローチのできる点がＹｏｕＴｕｂｅの広告動画の強みだ。

## YouTubeの広告収入の流れ
（Googleアドセンス）

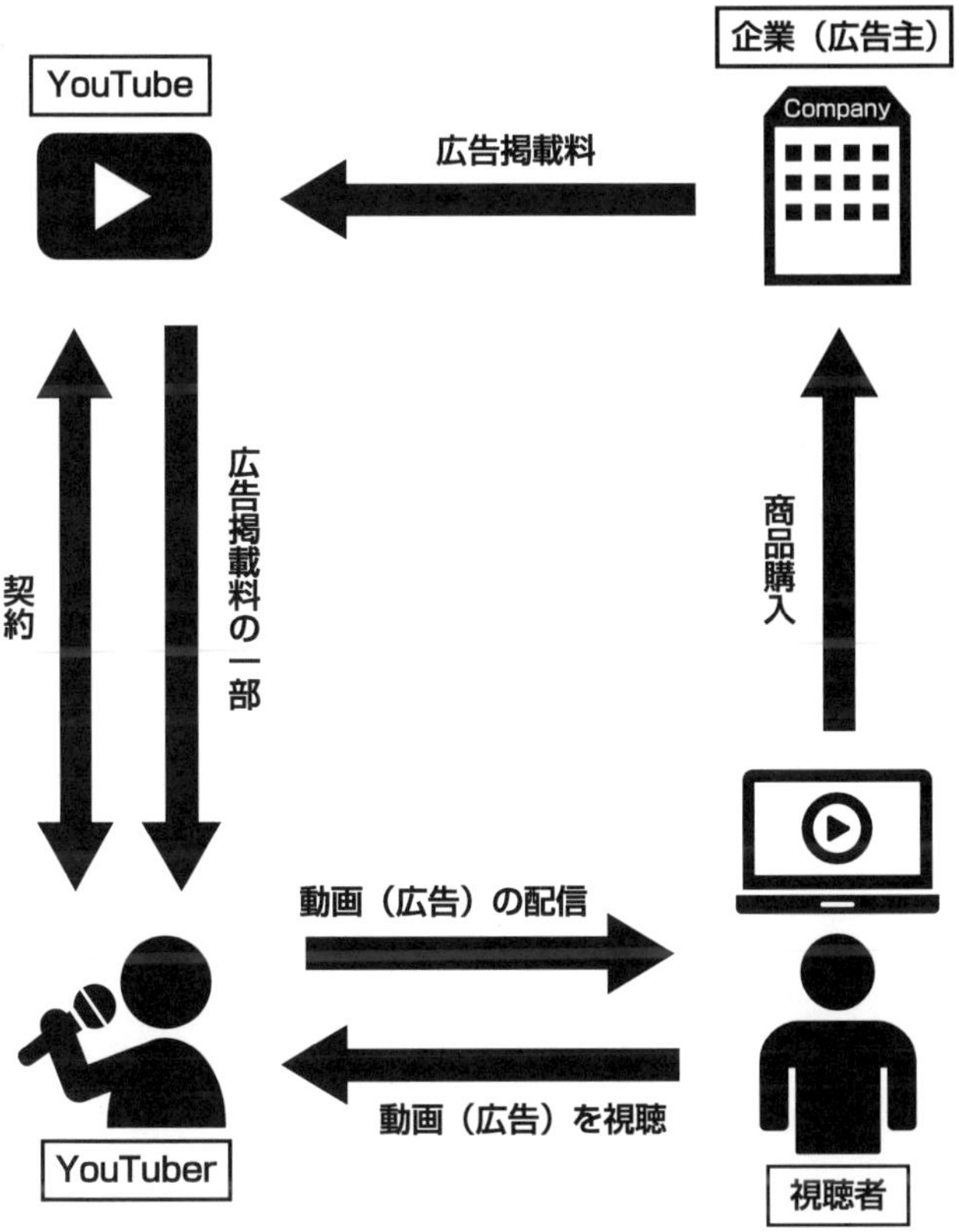

ここで「サービスを無料で利用できてラッキー!」と考えてはいけない。ここで最も情報を活用してマネタイズをしているのは誰か。それはあなたではなくＧｏｏｇｌｅであり動画配信者だ。

無料で動画が観れるなんてことは小さな利点でしかない。嫌な例えかもしれないが、マネタイズしている彼らからしてみたら動画を観ているあなたは労働者だ。動画を観るという労働を経てＧｏｏｇｌｅや動画配信者の収益化に一役買っているのだから。それならばいっそ「動画を配信してひと稼ぎしてやる!」、それくらいの気概があってもいいだろう。

ボクらは常に情報に触れている。だからこそ情報を扱うこと、利用することを常に考えなくてはいけない。

5Ｇの到来、ウェアラブルデバイスの進化によって社会はますます情報に依存していくだろう。冗談のような話かもしれないがメガネ型のデバイスを身に付け、リアル社会において常に分析した情報が表記される、そんな未来はもうその片鱗をちらつかせている。情報の価値は今後ますます向上する。だからこそ情報の価値を見抜くことでいち早く価値あ

る情報をライフスタイルに取り入れた人間だけが自身のライフスタイルをより豊かなものへと変えていく可能性を秘めている

既存の常識なんて捨てておけなんて乱暴な議論をするつもりはないが、異存はヤバい。どれくらいヤバいかというとエクセルのマクロ計算式を信用せずに同じ計算を電卓でやり直すくらいヤバい。（と言いつつも実際にそんな考えの人がいまだに結構な人数いるのが実態だ）

既存の常識は基礎知識程度に備えておくにとどめ、常に情報に対するアンテナを張ることで目には見えないものが見えてくる、触れられないと思っていたものがふと手中に収まる感覚を身に付けてほしい。

情報の価値が大きく変化したため、ボクらは同時に情報との接し方も変えていく勇気も必要だ。ボクらは先人の成功例を参考にライフスタイルやビジネススタイルを構築してきただけに、新しいものを取り入れることが得意ではないし、躊躇をしてしまう。更に困ったことに踏襲型のスタイルが美徳であるといった風潮が未だしつこく息づいていることも問題だ。

次代では未開の地である情報のマネタイズを実践するチャレンジャーが必要だ。集団で行動するペンギンの群れの中から、天敵がいるかもしれない海へ新鮮な魚を求めて最初に飛びこむ「ファーストペンギン」だ。

もはや空気を読んでいる場合ではない。情報の価値が変化していることに気づかない一定の層はいる。そして彼らは全力であなたのチャレンジを止めに掛かることもあるだろう。それがあなたの足を引っ張るものなら容赦なく振りほどけばいいが、その行動が困ったことにあなたの身を案じての行動かもしれない。そんな時、あなたはその誤った間違った善意を振りほどく勇気を持たなくてはいけない。時代は変わった。変人という肩書は今では先駆者に呼称が変わった。勇気をもって先駆者になれるかは自分次第だ。

# 情報との付き合い方

情報が持つ価値の変動といったものにも注意すべき点がある。それは情報の価値の向上に伴い情報そのものの量も増加しており、情報量が増加すればやがて供給過多となり貨幣と同じくインフレとなる。

インフレとはインフレーションの略で、お金が増えすぎることで貨幣価値が減少し、相対的にボクたちが普段の生活で入手するモノやサービスの値段が上昇することをいう。

そしてインフレには、良いインフレと悪いインフレがあるが、情報の増加に伴うインフレははたしてどちらだろうか。

良いインフレでは、企業が販売価格の上昇で収益をあげ、企業業績を伸ばすことで雇用されている社員の給料が増える。その結果、消費者（雇用されている社員）は物価上昇による生活費の増加を給料アップで吸収して更に新しいモノやサービスを購入するようになり、より多くのモノやサービスが売れることで企業が儲かる――良いインフレのもとでは、このようなサイクルが生み出され右肩上がりで景気が良くなる。

一言でいえば、良いインフレとは「景気の拡大に伴うインフレ」だ。

一方、商品の仕入れやサービスの構築価格の上昇に見合った販売価格設定ができず、企業の業績が悪化することで雇用されている社員の給料が上がらないのに、生活必需品と言われるモノやサービスが値上がりして家計を圧迫する、その結果、企業はモノやサービスのクオリティ（原価）を落とすことで企業維持を迫られ、社会に「安かろう悪かろう」の商品が流通するという悪循環をもたらすのが悪いインフレである。

では情報のインフレはどちらに該当するだろうか。

発信者の増加に伴いインターネット上には数多くの情報が流通している。

情報がモノやサービスのようなビジネスと異なる点は、情報発信者が「全人類」であることだ。もちろんその中には専門家がいれば素人だって入り乱れている。

このようなごった煮のような環境で発信される情報が品質のクオリティを高めているといえるだろうか。

情報のインフレが進行した現在、ボクたちの触れている情報は不純物の混じった、人間でいえば暴飲暴食といった不摂生を続けたことで、血液がドロドロな状態であることを理解しなくてはいけない。

あなたも見たことがあるだろう。ネットニュースで目にしたさも事実のような記事が、実は書き手の妄想や先入観で事実からかけ離れている文章となりＳＮＳ上で拡散されている様子を。事実と若干かけ離れている程度ならまだしも、まったく事実と異なる情報、その内容が「こうだったら面白いな」といった誰かの願望や妄想であっても、拡散されることでいつしか真実として独り歩きしてしまう危険性を。

しかしこれはもう止めることができない。何故ならば情報が持つメリットの一つが「いつでも、どこでも、誰とでも繋がれること」といったユビキタス概念だからだ。専門家しか発信できません、素人がインターネット上に情報を発信することは許しません、なんて決まりがあったらそこに集まる情報は確かに有益性はあるかもしれないが、「このゲームの隠しアイテムはどこにあるんだろうか」といった頭の固い大人からしてみると一見して社会的価値の無さそうに思われがちなニーズに応えることができない。情報の発信源を限定することは結果としてお堅い情報だけを並べることとなり、それではインターネットの持つ、「誰にでも可能性を見出せる情報社会」といった最大の恩恵は埋もれてしまう。ではその恩恵を十分に享受するための環境を整えることで、様々な情報をプロアマ問わず誰でも気軽に発信できるようにはなるが、時に情報を不明瞭なものとして拡散してしまうといったジレンマも抱えている。

物事の判別は対象によってそのハードルが異なってくる。

世の中にはひよこ鑑定士（正式名称、初生雛鑑別師）という資格があり、ニワトリのヒナの雄雌鑑別をする専門職として養鶏産業を陰で支えている。

これは名前から資格取得が楽そうだなぁなんて思っていると痛い目に合う。その条件は厳しく、養成所を受験するには満２５才以下、要高校卒業程度の学歴、視力が１．０以上といった条件を満たす必要がある。

養成所を卒業した後も、３年ほど実務経験を積み、公益社団法人畜産技術協会の予備試験と高等考査に合格することで、初めてひよこ鑑定資格が取得できる。更に資格取得までの諸費用は１００万円以上かかるとも言われており、その道のりは名前からは想像できないほど高いハードルを有している。

ひよこの性別を判別するにはそれほどのハードルが設定されている。しかしボクらが日頃からスーパーなどで目にしているリンゴでイメージしてみよう。おいしいリンゴを選ぶならば、「赤くてみずみずしい」だったり、「ずっしりとしていて甘い香り」など、特にリンゴ選別の専門家ではないのに「そこそこの味」を手にする方法を知っている。（そこまで真剣にリンゴを選ぶ機会があるかどうかも条件の一つだが）

選択にはひよこの雄雌鑑別のような正解か不正解かの二択、もしくはリンゴのように「お

ある。

二つの選択方法があり、ボクらはひよこのような二択からの選択にこそ慎重になる傾向にある。

ノーベル経済学賞したダニエル・カーネマンが行った実験に「損失回避の法則」というものがある。

損失回避の法則とは、人間は「得をすること」よりも「損をしないこと」を選んでしまうという法則であり、「人は損した時の恐怖は喜びよりも2．25倍も大きい」といった研究結果も出ている。だからこそボクらは正解か不正解という選択肢では、単純にその二択を対等に見ることができず、不正解を選ぶ恐怖心に駆られてしまう。その点リンゴのような「おいしい〜そこそこおいしい〜おいしくない」といったグラデーションの選択肢であれば、不正解といった選択肢はないため、たとえおいしくないリンゴを選んでしまったとしても「もっとおいしくないリンゴもあったであろう」というより損をする選択肢をイメージすることで自己説得が可能となり選択を安易に行う傾向にある。

では情報の選択はどちらに該当するのか。

結論から言えば情報は「正しい情報」か「誤った情報」の二択だ。

犬を表す特徴を示してみよう。

犬とは、「四つ足歩行で、嗅覚に優れていて、汗をかかない代わりに口を開けて呼吸することで体温調整をする」などの特徴がある。うん、この条件を並べられればボクらは正解を「犬」であると断言できるだろう。ではこの特徴の最後に「口から火を噴く」なんて特徴が追加されたらどうだろうか。犬ではなくケルベロスか何か空想上の生き物に早変わりだ。

ボクらは火を噴く犬を見たことが無いから、9割情報が正しくても、火を噴くという1割の誤った情報が付随されることでこれは誤っている情報であると認識できる。そして誤った情報であるならばどこが誤っているのかを精査をすると、「口から火を噴く」部分が過ちであり、その部分を掘り下げて「口から火を噴かない」といった条件に置き換えて事実関係を把握することができる。これはあなたが犬を「知る」といった知識上の情報と、犬と「触れ合う」といった体験上の情報を兼ね合わせている、いわゆる情報を掘り下げた状態であることから犬が火を噴くという条件に対してNOを突きつけることができる。

しかし人間は感情の生き物で、その感情によっては誤った条件を勝手に取り入れ、本来正しい情報をも歪曲してしまう性質がある。

政治家に関する情報で考えてみると分かりやすい。

「○○議員は○○といった発言をした、そして○○政策を提案したのち、○○活動を行った」という事実があったとしても、対象の議員を好きか嫌いかといった感情によって「でも○○議員はうそつきだ」と示された条件にはなかったはずの条件を勝手に追加し、感情による裏付けのない情報（○○議員が嘘をついたことがあってもすべての発言が嘘という裏付けはない）によって「はい！だから○○議員の言っていることはすべて嘘です！」といった前提条件を丸々覆してしまうケースがある。感情によって事実を事実として受け入れることができなくなってしまうんだ。

情報は「正しい情報」か「誤った情報」のどちらかとして認識すべきものを、感情が介入することでどんな嘘を並べたような条件でもその条件が自分の願望に合致した場合、ボクらはその嘘を並べた条件を鵜呑みにしてしまい、グラデーションですらない状態で歪曲した情報を事実として自身に取り入れてしまう性質を持っている。

## 情報との付き合い方

これは人が感情を持つうえで避けることのできない課題であるが、精度の低い情報が氾濫しているからこそ感情的に情報を捉えるといった課題を放置していいわけがない。

この課題を解決するには情報を俯瞰的に精査し、その裏付けを取ること。要するに「情報の情報（裏付け）」まで掘り下げて収集する癖を身に付けることだ。甘いものが好きな人は「甘いものは実は○○な理由で身体に良い」といった情報に対して、その裏付けを調べることなく信じ込んでしまう。何故ならばその情報によって自分の好きな甘いものを摂取する理由が生じるからだ。ボクらは「事実であってほしい」という願望によって信憑性など問うこともなく自分の意向に沿った情報を鵜呑みにしてしまう。いわば情報にコントロールされている状態だ。

常に情報には懐疑的なくらいがちょうどいい。批判的な姿勢で検証することであなたの思考は情報の情報である裏付けまで行き届くようになる。この思考法を批判的思考といい、オシャレなビジネスマンはクリティカル・シンキングなどと呼んでいる。要するに情報を鵜呑みにしない、もっと言えば情報を疑う姿勢を持つこと、これがボクらが情報と仲良く共存するための習慣というわけだ。

鵜呑みにするなというと少し斜に構えているように思われるかもしれないが、感情に振り回されずに物事を多角的に捉え、適切に疑うことは情報にコントロールされない基本的な姿勢だ。これまでの当たり前や常識に囚われることなく、いままで見ることのできなかった新たな側面の発見が、新たな価値の創造に繋がる。一つの側面に満足することなく一歩も二歩も引いた立ち位置で物事を考えることで情報の支配下から抜け出す知恵を手に入れよう。

要するにだ、情報と付き合う時は「感情に振り回されない」「俯瞰的に見る」「情報の掘り下げ」、この三点に尽きる。あなたが好きや嫌いといった好みなんてものは情報の裏付けとしては何の価値も見出さない。意向に沿っていようが沿っていなかろうが情報を掘り下げ裏付けを見つけること。これが正しい情報の価値の見出し方だ。

# なぜボクたちは お金に無知なのか

次代を生き抜くにはマルチタスク思考のみならず、お金について正しい知識を備え持つ必要がある。そのため、少し長くなるがお金について諸々の説明をさせていただきたい。

まずはこの本を読んでいるあなたたちはどれくらいお金についての知識を持ち合わせ、お金について理解をしているだろうか。

ちなみに日本の義務教育では金融教育は中学生で1~5時間程度学ぶだけだが、イギリスでは小学低学年相当から金融教育を実施している。しかも日本のように税金や保険といった制度だけの学びではなく、個人資産による金融行動への自己責任や、周囲(家族や社会)へ与えうる影響も考慮して行動すべく「金融が及ぼす社会的責任」など、社会において実用性の高い金融教育を施している。

結果、日本人はお金の使い方を学んでいないために貯金信仰主義となり、先進国の資産形成においてトップクラスの貯金率を有している。ちなみに貯金は国の政策を全面的に信頼しているのであれば構わないが、社会保障制度や経済政策に不安があるのならばお勧めしない。何故ならば貯金は国の貨幣価値の変動の影響をモロに受ける性質があるからだ。

さて、話を戻そう。ボクらはすべての前提条件として、資本主義社会を生きている。資本主義とは働いたら働いた分の対価に応じて報酬が得られるという制度であり、法に基づいた条件下において自由に経済活動を行える社会である。モノの価格やサービスの内容は市場の競争によって変動するため、これを市場主義という。同時に社会での競争によってモノの価格はより安く、サービスはより品質が高くなる傾向にあり、このことからも資本主義は競争によって社会が豊かになる制度であるとも言われている。

そのため、需要が高まればモノやサービスの価格が高騰するため、時には実態以上の価格が付けられることもある。それがコロナ禍におけるマスク高騰現象だ。ボクらはこれまでマスク一枚にせいぜい二十円程度の価値しか認めていなかったが、新型コロナウイルスが蔓延することでマスク需要が高まっただけではなく、「マスクが買えなくなるかも」という不安から買い占めが行われ、マスクの価格がこれまでの何倍にも高騰してしまったことは記憶に新しい。

これは社会全体としてマスクの総数や生産力、そして消費量などのバランスを国内で操作することができればある程度避けることができたが、マスクに関しては製造割合の多くが海外で行われていたため、実態把握と市場管理を行うことが困難であるために起きた現象だ。

こうやってお金は「実態」と「感情」といった相反する要素を持ち合わせ価値を生み出している。そしてその両側面が存在することを知ることからはじめよう。

まず、お金を稼ぐには基本的には働かなくてはいけない。そしてお金は働いた時間や日数に比例してもらうことができる。だけど職種によってもらえる金額が異なる。いわゆる時給、月給制度だ。きつい、危険な仕事は時給が高いが、誰でもできる簡易な業務であれば時給は低く抑えられる傾向にある。大半の人がこの制度に沿ってお金を稼いでいる。

逆に何かモノやサービスを購入するにはお金を支払わなくてはいけない。そしてその際には商品価格だけではなく消費税として１０％多く支払うことが定められている。このようなところだろうか。

しかしこれだけの知識では僕らはお金を理解しているとは言えない。何故ならば僕らはお金の教育を受けていないからだ。

ボクらは義務教育において、まともにお金の教育を受けないまま社会というお金を扱って生き抜く戦場に放り出されている。なんともひどい話だ。

しかしこれは何も親や学校の先生が悪いと言っているわけではないんだ。お金を学ぶことができない制度そのものに問題があるとボクは思っている。

通常、学校の先生になるには教員資格認定試験に合格したのち、面接試験などを経て各校に配属される。そうなると大半の先生は社会に身を置く機会が少ないため、社会の中で「お金を稼ぐ」といった体験がほとんどない。自身の体験がほとんどないのだから、子どもたちにお金のノウハウを教えるなんてことは無理難題でしかない。だからあなたたちはお金の教育を学ぶことなく大人になり結婚して子どもを産み育てる。当然あなたの親やまわりの大人もお金のことを理解していないから教えることができないまま子育てをしなくてはいけない負の連鎖はとどまることを知らない。これがボクが親や先生ではなく制度に問題があるという理由だ。

でも積極的にお金について学ぼうとすると「お金に卑しいやつ」または「お金に執着しているやつ」というレッテルを貼られる始末。数学という数字の組み合わせは学ぶくせに、その数字にお金という呼称が付与された途端に世間の見方が変わることに違和感を拭えない。

ではどうすれば僕らはお金について十分な知識を身に付け理解をすることができるようになるのだろうか。

ボクの身の回りでお金について十分な知識を持ち、お金の扱い方に長けているなと思える人は誰かと聞かれれば主に経営者だと答えている。企業の規模は関係ない。何故ならば彼らは若くして「働いてお金を稼ぐ」という経験と「働かずしてお金を稼ぐ」という二つの姿勢でお金に接してきているからだ。

彼らは起業と同時に時給、月給制度から解放されたと同時に、どれだけ働いても報酬を得られないかもしれない危険に身をさらしたことになる。それはそうだ。彼らが仮に脱サラしてミュージシャンになったとしよう。一日20時間の超過酷労働を何か月も続け、ようやく渾身のアルバムを作成しても、そのアルバムが誰のニーズにも応えることができなければ収入はゼロだ。コンビニで時給千円のアルバイトをしていれば一日で二万円稼げたのにだ。

中小企業庁のデータを見てみると、起業から一年後には約三割の会社・個人事業主が廃業すると言われている。いわゆる倒産だ。その他にも三～五年の間にその苛烈な生存競争に生き残れるのは全体の四十～六十％。夢を抱き独立開業したが数年で約半分の会社が廃業を余儀なくされている、こんな過酷な事実をボクらは義務教育を通して学ぶことができない。

では独自に勉強すればいいのだろうか。お金の教養本を読むと「お金に使われるな！お金を働かせるんだ！」というような言葉が飛び交っている。

ボクも二十代の頃にそんな本を読んで「なるほど！こいつはスゴイぜ！」と感銘を受けたが、実は具体的なこととまったくはわかっていなかった。

なんせ当時の僕はサラリーマン。月の手取り十六万円程の給料では家賃や食費等の必要経費を支払ったら手元に残るお金はたかだか二～三万円だ。

一年かけて貯金をしてもせいぜい二十～三十万円。不意打ちで襲い掛かってくる車検代や友人の結婚式で通帳は見事にその桁を減らしていった。そんな環境でお金に無知なボクらが、なけなしのお小遣いを投資に回せるほど「お金を働かせること」に現実味も必要性も見出せていないのは仕方がないことだ。

要するにボクらはお金に無教養なまま社会に放り込まれることで搾取される側にその身を置き、そこにしか身の置き場がないと思い込んでしまっている圧倒的不利な状況であるというわけだ。

しかし、ボクらが生きるうえでお金という概念を切り離すことはできない。パソコンやスマホを使うにも電力を消費しているし、喉が渇けば水を飲み、お腹が空けば当然ご飯を食べなければ生きていけない。もっと極端なことを言えば着ている服や履いている靴だって時間の経過とともに劣化するわけだから、余程のレアものではない限り資産価値は一秒ごとに消費されている。

ボクらの生活はお金と密接な関係にあるが、その知識を持たずしてボクらは社会でお金を稼いでいかなくていけない。

これまでは先人が後発者にその知恵を授けてくれるのが世の常ではあったが、今の時代はお金の価値すらも変化してしまった。だからボクたちは手探りで今の時代のお金の価値を模索しながら向き合っていかなくてはいけない。いや、むしろボクたちが今の時代のお金の価値を生み出し、次代にバトンを渡す責任があるんだ。

ではそのためにあなたたちはどうやってお金の知識を身に付けていかなくてはいけないだろうか。それは自分たちがお金に無知であることを再認識することから始まる。

# お金という名の引換券

子どもの頃に偽札で遊んだ人は多いのではないだろうか。偽札と言っても偽造された紙幣のことではなく、「こども銀行」と書いてある100万円札といった実在しないお金のおもちゃだ。でもあれも実は立派なお金だという事をご存じだろうか。ボクは子どもの頃、確か小学生低学年の頃に親に100万円札のここでいう「偽札」のおもちゃを買ってもらったことがある。それは十枚つづりになっており一枚一枚にミシン目が付いていた。裏面がメモ書きのできる作りだったため学校に持ってきてもギリギリ許されていた。（正確には許されると思って勝手に持っていっていただけで、実際に認められていたのかは不明のままだが）

造りはそれなりに精密で、パっと見では日本銀行が発行しているお金とカン違いしてしまいそうなクオリティだったこともあり、友人からは羨ましがられちょっといい気分になっていたことを覚えている。

それを見た一人の友人がボクにこんな交渉を持ち掛けてきた。「このガムを一枚あげるからそれを一枚ちょうだいよ」と。小学生からしてみれば学校で食べるガムは背徳感と優越感を味わえる最高の一品だったためにボクは二つ返事でその交渉を受理した。お互いの合意がなされたことで商談は成立、おもちゃのお金がガムに姿を変えたんだ。このおもちゃのお金が日本銀行から発行されているかどうかは関係ない。少なくともボクと友人の間で

## お金という名の引換券

はおもちゃのお金は価値あるモノに変わっていた。これを踏まえて続きを読み進めてほしい。

お金の起源についておさらいをしよう。

もともと今でいうところのお金という概念が生まれる前、人類は「物々交換」を行っていた。猟師は獣を、漁師は魚を、農夫は農作物など、自分のスキルで入手できるモノを取引材料に、自分のスキルでは入手できないものと物々交換をしていた。（例えば鹿一頭に対して魚十匹、米一袋など）

しかし、猟師はいつも鹿一頭を持ち歩いているわけではないし、夏場などはすぐ腐敗してしまうため保存がきかない。そこで代理品として普及したのが「貝」だ。

例えば、鹿一頭なら貝二〇個、魚一匹なら貝二個など目安となるものがあれば猟師は常に鹿を抱えて歩く必要もなくなるというわけだ。（ちなみにお金に関連する言葉、「貯」金や通「貨」に貝という文字が使われているのはその名残とも言われている）

ここで物々交換の文化から代理品である貝に形を変え、人々は欲しいモノを欲しい時に手に入れられるようになった。

しかしここでまた問題が起きてしまう。

貝はどこでも拾えるため、対価としての証明としては根拠が弱く、代理品としての機能を十分に果たすことができなかった。その後、貝の代わりに金属が使われるようになったが、そこで皆が重要なことに気づいた。

それは「モノ自体に価値はなくても、みんなが同じ基準で共有できるものであれば何でもいいんじゃないか？」ということだ。

そこで、偉い人が集まり「これがみんな平等の価値あるものです！」といって生み出されたものが硬貨であり貨幣であると言われている。

あなたたちが持っている千円札を見てみると分かるが、「日本銀行券」と記載がされているはずだ。要するにお金は日本銀行が「この紙切れには千円の価値がある」と太鼓判を押しているだけに過ぎず、千円札そのものに価値があるわけではないんだ。

しかし、ボクらはいつの間にか「お金＝価値のあるもの」と認識をするようになってしまっている。お金の起源から考えれば、ボクらは何かを手にする時にお金を経由させる必要はないはずだ。

## お金という名の引換券

「何のために働いているのか？」この問いかけに多くの人は「お金のため」と答える。なぜだろうか。ボクらはもともと何かを得るために狩りをしたり農業をしていたはずだ。それがいつの間には貝殻を集めることを目的に働くようにはなっていないだろうか。

楽な仕事をしたい、そうぼやく人をあなたも見たことないだろうか。もしかしたらあなた自身そのような考えを持っているかもしれない。でも楽な仕事でもそれが楽しくなければ結局あなたは貝殻を集めるために働いていることになる。

本当にそれでいいのだろうか。ボクたちは人生をより豊かなものにしたいのであって、豊かな人生とは定義は様々あれど幸せであったり楽しい人生ではないだろうか。だから仕事に楽を求めるのではなく楽しさを仕事の中に求めればいい。

数字換算で考えてみよう。ボクらには一日で稼がなくてはいけない「楽しいポイント」というものがあったとする。毎日この楽しいポイントを一〇ポイント集めると人は幸せを感じると仮定した時、どこでその数字を稼ぎ出すだろうか。一日二四時間の生活の中から、ざっくり八時間働き（労務時間）、八時間自由時間があり（娯楽時間）、八時間は食う寝る等の生きるために必要な時間（生活時間）、このように三つに分けてみよう。きっと多くの人は娯楽時間を使って楽しいポイントを稼いでいるだろう。しかし誰が労務時間を楽しんではいけないと決めたのだろうか。もし八時間の労務時間で楽しいポイントを五ポイント稼げるのならば、娯楽時間を労務時間に置き換えて計十六時間の労務時間で楽しいポイントを一〇稼げることになり、労務時間が増えることで収入だって増える。

少し極端な例に見えるかもしれないが、ビジネスを楽しんでいる人は圧倒的に強い。何故ならば仕事を楽しんでいるがゆえに没頭し、それこそ寝る間も惜しんで仕事に夢中になる。強くならないわけがない。

元来人間は何かを得るために働いている。そしてその何かを得るためにお金を必要としたはずが、働くこと、お金のことをよく学ばずに社会に出てしまったがために、いつの間にか「お金」という迷路で迷子になってしまっている。

お金はあくまでも引換券でしかない。それは人生を楽しむための引換券だ。そして社会の変化に伴い引換券の形も変化している。いつまでも過去の「拝金主義」に惑わされてはいけない。

この項目の最後に少し蛇足となるが、ボクはお金なんて不要だなんて言うつもりは毛頭ない。

しかしお金はあくまでも必要なものを得るためのツールでしかない。この項目の冒頭で触れた通り、おもちゃのお金はボクのニーズを満たすガムに形を変えた。その時点でボクからしてみれば日本銀行が発行しているかどうかは既にどうでもいいことだ。だってニーズは満たされたんだから。

あなたが子どもや友人、恋人にプレゼントをする時に現金を渡すだろうか。現金ではなく、相手のことを考え、何が喜ばれるだろうか、相手のニーズはなんだろうかを考えに考え抜いた、厳選に厳選を重ねた品をプレゼントするはずだ。その相手を思い考え抜いた行程に価値があるからプレゼントは喜ばれるもので、もしお金そのものに価値があるならば品代をそのまま現金で渡すことが一番喜ばれるはずだ。しかし、まれに現金をそのままプレゼントすることで喜ばれるケースもあるが、それはあなたが相手のことを想う行為そのものに価値を見出していないため、今後のプレゼントは控えることを進言したい。

## お金という名の引換券

お金は何かを得るためのツールであり、その何かを得てあなたは何をするつもりだ。本当にその「何か」をするためにお金が必要だろうか。今の時代は本当に恵まれている。インターネットというツールが誕生してからボクらの欲求であるところの、面白いことをしたい、注目を浴びたい、人の役に立ちたい、コミュニティを広げたい、これらほとんどのことはお金を投じることなく満たされるようになった。だけどその欲が高まれば高まるほど比例してお金が必要になるケースもあり、その欲を狙ったビジネスに搾取されることとなる。

お金は引換券だ。肉や魚が貝になり、やがて「貨幣」となった。既にあなたが持ちうる価値に気づけばお金はただのツールであることを実感するはずだ。

お金に価値があると勘違いをするとお金を貯めることそのものが善となってしまう。しかしお金そのものに価値が無いのは前述した通りであり、むしろお金を貯めることはマクロ経済的には悪ともいえる。何故ならばお金は循環することで付加価値を生み出す特性を持っているからだ。

ここに一人のブドウ農家がいたとしよう。彼は一個原価三十円のブドウを五十円でジュース加工会社に売って、そのジュース加工会社は五十円のブドウをジュースに加工して販売業者に八十円で売った。販売業者はその八十円のジュースを店頭に百円で並べ、あなたがそのジュースを買ったとすると、ブドウ農家は二十円の、ジュース加工会社は三十円の、販売業者は二十円の付加価値を生み出したことになる。実際はこんな単純ではないが、お金は消費して循環することで付加価値を生み出す一例を挙げてみた。

お金そのものに価値はなく、お金は循環させることで付加価値を生み出すことは理解してもらえたと思う。もしあなたがお金を貯めることを一つの目標にしているようならその考えはとても危険だ。それは空腹なのに食べることを耐え忍び、貝殻を抱きしめることに喜びを見出しているのと同じだからだ。

ボクらは今こそお金に価値があるという幻想から脱却しなくてはいけない。

# 価値の変化

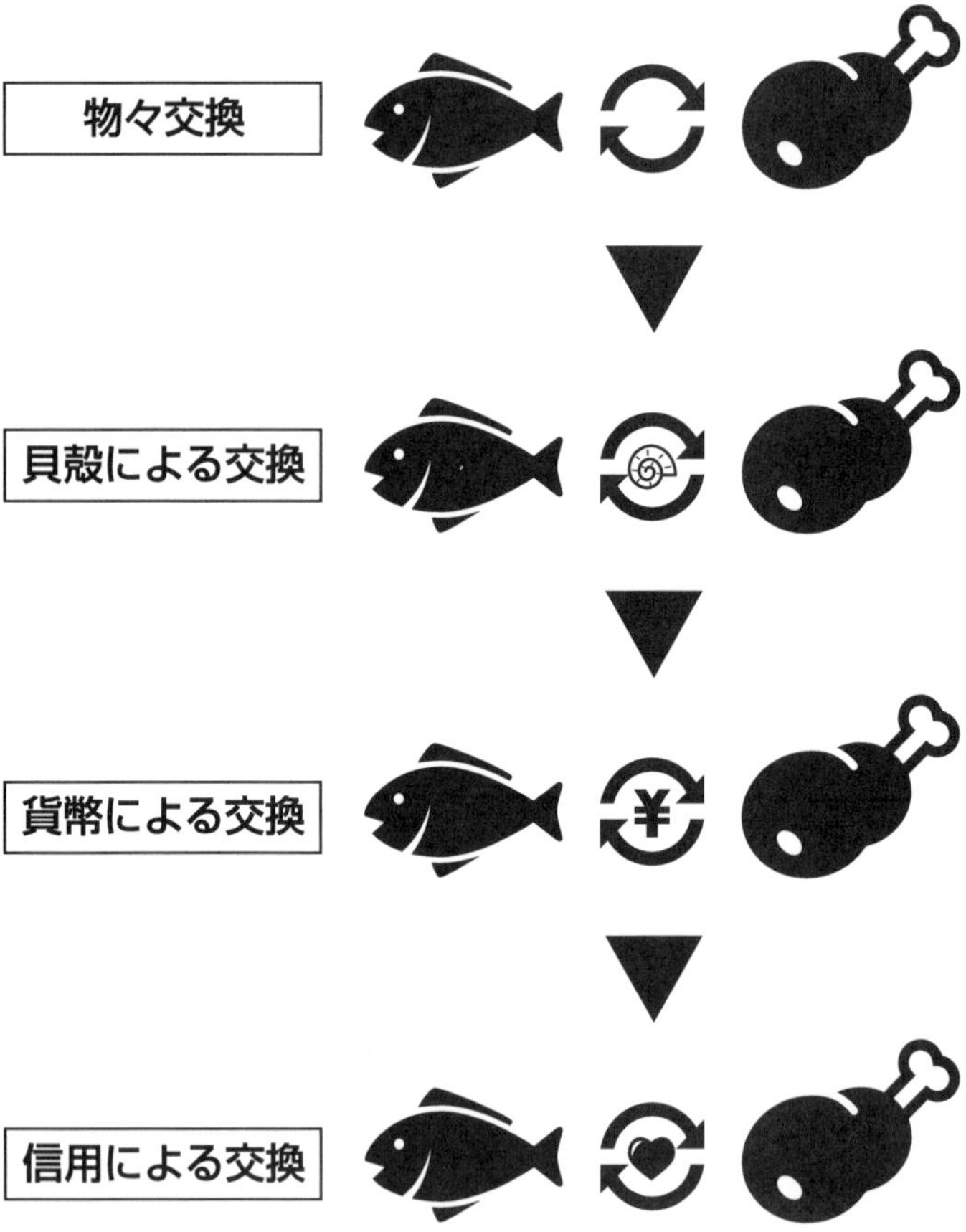
物々交換
貝殻による交換
貨幣による交換
信用による交換

# 価値を決めるのは誰だ

お金の価値の変化について、今のあなた達でも想像しやすい状況に置き換えてみよう。

あなたは今、真夏の炎天下をかれこれ二時間ほど歩いている。目的地までタクシーで移動しようと思っていたが、初めて訪れた土地にはタクシーがない。あなたは残り一時間ほど気温三十六度の炎天下を歩き続けなくてはならない。

セミの鳴き声が耳を指す中、あなたの上着は既に汗でびしょびしょ、吐く息すらも熱を帯びている。しかも道中にはこれまでコンビニや自動販売機もなく、あなたの喉はこれまでにないほどカラカラに乾いていた。

そんな時、あなたの目の前に奇跡的にも一台の自動販売機が現れた。しかしそこに表記されている金額は「ジュース一本千円」の表記。通常百六十円程度のジュースがここでは一本千円といった法外な価格だ。

偶然にもあなたのお財布にはタクシーに乗るつもりだったために潤沢な資金がある。そのような環境であなたは一本千円のジュースを買うだろうか?

炎天下を長時間歩き続けフラフラのあなたはきっと喜んで財布の中から千円札を取り出して自動販売機に差し出すだろう。普段ならば百六十円でも躊躇してしまうジュースであってもだ。

これが自宅前の自動販売機で百六十円で売られていたらどうだろうか？自宅の冷蔵庫を開ければ麦茶がある、なんなら冷凍庫には氷まで用意されているのに、わざわざ靴を履いて玄関を出ては自宅前の自動販売機で百六十円を出してジュースを買いに行くだろうか？もし答えが変わるのならばその理由は明確だ。それは環境がジュースの価値を押し上げた結果だ。これは相対的にお金の価値を低下させているともいえる。

これをビジネスに置き換えてみよう。

ボクたちはビジネスを通してお金を稼ぐとき、必ず支払う対象がいて初めて取引が成立する。例えば駄菓子屋でお菓子を売るときは五十円を支払う子どもがいる。家を建てて売るときは三千万円を支払う夫婦がいる。スーツを売るときには二万円を支払うビジネスマンがいて、結婚式場には三百万円を支払う新婚夫婦がいる。

皆が皆それらの「提供物」に対して同等の価値を見出しているからこそそれぞれの支払額を用意している。これが需要と供給のバランスがマッチしている状態だ。仮にお菓子を買いにきた子どもに「今ならスーツが九〇％オフの二千円だよ！」と言っても駄菓子を求めてきた子どもたちにとってお得感を感じることはまずないだろう。

しかしサラリーマンは二万円かけてスーツを仕立てる。この時点でサラリーマンは二万円をかけてもそのスーツを必要としているから支払うわけだ。

お金の価値はその人の置かれている環境に左右される。しかもその振り幅は振り子の両端のように幅広い。

ボクは今、基本的な話をした。「当然知ってるよ！」という方も数多くいると思うが、知っていると理解しているとでは話は大きく異なる。

需要と供給という言葉がある。きっとあなたも耳にしたことがあるだろう。これは「欲しい」と手をあげる人が多いものほど価格が上昇傾向にあることを指すが、映画館や遊園地などが平日と土・日曜日で入場料が異なるのもその一つだ。まだまだ日本は休日が土・日曜日に集中しているため、休日は多くの人が外出する。そうなれば全体の数字は押し上げられるため、休日価格といった平日よりも一～二割高い価格設定でもバランスが保たれることとなる。

このように映画館や遊園地の価格設定を決めているのは運営者ではなく、その利用者に該当するあなたたちだ。そしてお金換算の価格ではなく、価値そのものを決めるのはその価値を受け取る側となる。あなたがビジネスを通して提供しているモノやサービスは本当にその価格が正しいのだろうか？それだけの価値が存在するのだろうか？あなたにとっては価値があっても顧客にとって価値があるものと言い切れるだろうか？逆にもっと価格を吊り上げることが正しいことだってある。

また、あなたがお金を使う時にもこの視点を持たなくてはいけない。本当にあなたが手に取ったその商品やサービスは価格に見合った価値があるのだろうか。実はもっと安価に手に入れることができるのに一時のブームで本来は必要が無いのに購買意欲を煽られているだけでないだろうか。

受け手の視点に立って提供するサービスの価値を設定する。この単純だが奥の深い考察は経験がモノを言う。あらゆるサービスの発信側と受信側という両側面をのぞき込む習慣が身に付けば自ずと目に見えない価値に対して仮説を立てられるようになる。そしてその仮説は経験値が高くなれば高くなるほどより実態に近い距離で構築できるようになる。

これは何もモノやサービスの価格だけでなくあらゆる価値にも当てはまるものだ。あなたは周りからどんな評価を受けているだろうか。優しい人、賢い人、気遣いのできる人、こんな評価を受けられているなら最高だ。しかし、あなた自身がそう思っていてもあなた以外の人間があなたのことを同等の評価をしていなければあなたがあなた自身に与える評価なんてものは何の意味ももたない。

もしかしたらあなたは親切心で後輩の仕事を手伝ってあげたのかもしれない。しかしそれは相手からしてみれば余計なおせっかいだと思われてしまうことがある。もしかしたらあなたは友人のためと思い厳しい言葉をぶつけたのかもしれないが、その言葉を悪意ある言葉と受け止められてしまう時だってある。

価値は環境によって異なる、この条件はお金だけではなく、ボクらの一挙手一投足にも当てはまるんだ。自分がこう思った、自分はこんなに考えて行動した。それらは極端なことを言ってしまえば自己満足でしかない。今、自分を、そして周りの人をも取り巻く環境はどんな形をしているのか。その形を汲み取らずに起こした行動はあなたの想定した価値を持たない危険がある。だから視点は常に俯瞰的に、だ。子どもの頃に親や学校の先生に言われなかっただろうか。「人の気持ちを考えなさい」、この言葉がまさか大人になるとより重要性を増す革新的な言葉だとは当時は思いもよらなかった。今一度原点に立ち戻り、それこそ小学生に戻った気持ちでこの言葉を噛みしめてみよう。

宗教の勧誘なんか典型的な例だ。ボクは無神論者だが宗教は否定しない。クリスマスにはケーキを食べるし正月には初詣に行く。しかし望んでもいない神様を崇めたてるほど暇ではない。だから「一日一分お祈りするだけで人生ハッピーになれるよ！」と言われても丁重にお断りをするようにしている。

彼らの理屈ではどうやら「とても素晴らしい神様」に信仰を寄せることが幸せであり、その幸せをボクにもおすそ分けしてくれるそうだ。そしてそれは彼らにとって最上級の善意のようだが、それが善かどうかを決めるのはボクであって彼らではない。立場を変えてみると価値の押し付けの危険性がわかるのではないだろうか。

周囲の環境が異なれば価格が変わり、ビジネスでは顧客の環境は社会環境に大きく左右される。

歴史ある企業ほどこれまでの流れを正しいものと誤認してしまう。というよりもこれまでの成功体験が固定概念というやっかいな壁を作り出し変化することを躊躇してしまう。

しかし、これまでの社会の常識が変化しているのは誰よりもあなた自身が身をもって体感しているはずだ。

今こそあらゆるモノが持つ価値の変化を敏感に感じ取り、過去の慣例という濁流に飲み込まれないためにも目に見えない価値を捉える洞察力を鍛えよう。

# 失敗して失うものは何か

「成功は失敗を恐れない人のもとにやってくる」

これは世界トップクラスのファッションデザイナーであると同時にフランスの実業家、ココ・シャネルの言葉だ。

人は失敗を恐れてチャレンジを諦めてしまう。しかし失敗を経験した事のない成功者はいないだろう。そこで改めて失敗とは何か、今更ながら辞書を引いてみた。

しっ‐ぱい【失敗】の解説

［名］（スル）物事をやりそこなうこと。方法や目的を誤って良い結果が得られないこと。しくじること。「彼を起用したのは失敗だった」「入学試験に失敗する」「失敗作」

この解説から失敗で失うものを考えてみよう。良い結果が得られないということは当初計画していた成果が得られないということだ。そうなれば実施した時間が失われるだろう。同時にビジネスであればそこに投資するお金もあるだろうから金銭的損失も否めない。人事であれば企業の損失、受験では一年間を棒に振ることになるのだから慎重にならざるを得ない。

確かにこうやって見ると失敗はとても恐ろしいものだ。整理してみると失敗によって失うものは、時間、お金といったところだろうか。受験のように失敗すれば一年という人生において膨大な時間を失うこともあれば、企業の命運をかけた一大プロジェクトを失敗すれば一つの企業が傾くことだってある。

では逆に今あなたがチャレンジしているものが失敗したらどの程度の損失を生み出すだろうか。実は時間もお金もそれほど失うことが無いものでもチャレンジを諦めていることはないだろうか。もしあなたがミュージシャンになりたいと思っているならば今すぐ手元のスマホで演奏している動画を撮影してアップロードすればいい。目的もなくネットサーフィンをしている時間があるのならば時間もお金も傷つくことはない。それでもチャレンジしない理由は何だろう。それは「恥」だ。チャレンジした結果、成功をしなかった時に味わう恥を避けるためにチャレンジをしない人が本当に多い。

蓄音機やキネトスコープなどを発明したことで有名な「発明王」、トーマス・エジソン。彼の功績の一つに白熱電球の開発がある。エジソンは白熱電球の第一発明者ではないが、改良に改良を重ね、電球の内部構造に日本製の竹を使うことが最適であることを発見した。これにより電球の事業化に成功し、より利便性の高いライフスタイルを生み出した。

ではこの世紀の大発明はどのようにして生まれたのだろうか。それは圧倒的な失敗の数々から積み重ねられた原体験だ。

エジソンは実験中にインタビュアーから次のように問われた。

「一万回以上失敗している電球の発明からは手をひいた方がいいのではないか?」

この質問に対して、エジソンは、

「これは失敗ではない、一万回「正しくない方法を発見」したのだ」

と答えたそうだ。

なんともポジティブな話だ。しかし失敗は成功の肥やしともいうことから、失敗を恥と捉えるか、それとも一つの経験と捉えるかで結果は大きく異なる。

失敗は何かを失う。時間であったりお金であったり。でもそこで失うかもしれないものを冷静に考えてもらいたい。実はたいしたものではないものがほとんどだし、その失敗を一つの財産と取ればあなたは貴重な原体験を身に付けることができる。

情報化によって様々なチャレンジの機会が身近になった。大抵のものはデジタル上で実現可能となり、そこにかかるイニシャルコストは限りなくゼロに近づいている。例えばあなたが手作りのアクセサリーを売りたいと考えたとしよう。これまでならば店舗を構えるなどで数百万円の初期投資を必要としていたが、今ならば無料のＥＣサービスを利用することで今すぐにでも立派なオーナーになれる。

そこで失われる時間とお金なんてたかが知れている。しかし失敗することを恥と捉えることで障壁となっているのならば自意識過剰も甚だしい。約一億人二千万人の中であなたの失敗を覚えている人なんてほとんどいやしない。それなのに「失敗したら恥ずかしいから」なんて考えるのはそれだけ自分が注目されていると錯覚している証拠であって、そんな心配はまったく不要だ。

初めは小さなチャレンジでいい。十も繰り返せば一つや二つの成功を築き上げることができる。その成功体験を繰り返し、積み重ねることがやがては大きな成功を生み出すことになる。

チャレンジは費用対効果が高い。あなたのチャレンジが成功した時に得られるものと失敗した時に失われるモノを客観的に分析してみよう。その結果をみれば今すぐにでもチャレンジしないことは実に勿体ないことだと思わないだろうか。

# 経験値を稼いで
# レベルアップ

ドラゴンクエスト（以下ドラクエ）というゲームがある。ボクが子どもの頃はファミリーコンピューター、いわゆるファミコンで一世を風靡した名作だ。今ではスマホでも同シリーズの作品が数多くリリースされており、世代を超えて愛されている。

ボクも御多分に洩れず小学生の頃に勉強そっちのけでドラクエにハマっていた。ダンジョンでは同じところをグルグル回って出てきた敵を延々倒す。一定の経験値が溜まるとレベルが上がり、数値化されたパラメーターが目に見えて増えていくことでこれまで倒せなかった敵が倒せる爽快感は言葉では言い表せない特別なものだった。

これは現実世界でも同じではないだろうか。あらゆる失敗を繰り返してボクらは経験を積み重ねる。そしてなぜ失敗したのか、どうすれば失敗を回避できたかを考えることで次のチャレンジの成功率を上げる。その結果ボクらは目には見えずとも確実にレベルアップしていき、次のチャレンジを成功させることができる。ビジネスではこれをＰＤＣＡサイクルとして多くの企業が導入しているルーティーンだ。

ＰＤＣＡサイクル（plan-do-check-act cycle）は、事業の継続的改善手法であり、Plan（計画）→Do（実行）→Check（評価）→Act（改善）の４段階を繰り返すことによって、

## 経験値を稼いでレベルアップ

業務を継続的に改善する方法だ。

事業継続の基本的な手法となっているため、既に皆さんご存知だと思うが、これはドラクエにも当てはまる。

ストーリーを進めるためにボスを倒しに行くための準備を整える。（計画）↓ボスを倒しに行くが負けてしまった。（実行）↓その原因は何か。装備が悪いのか、レベルが足りないのか。（評価）↓装備を見直す、もしくはレベルを上げる。（改善）↓計画に戻る

結局のところゲームもビジネスもやっていることは同じだ。ＰＤＣＡサイクルを回して経験値を稼ぎまくることが成功へ続くただ一つの道だ。下手な小細工でもうまくいく時もあるかもしれないが、それは偶然が重なっただけでしかなく、次また成功する保証なんて一つもない。あなたの実力で何かを成し遂げるのならば原体験を積み重ね経験値を稼ぐこと。そのための失敗なら惜しみなくすべきである。

もう一つ、ストレスを楽しむことだ。ストレスはとても厄介なものだが、付き合い方次第では協力な武器となる。しかしストレスに悩まされている人が多いのも事実であり、日本ではうつ病患者は毎年増加傾向にある。厚生労働省の二〇一七年患者調査では男女合わ

せて一四〇万人以上がうつ病を患っており、うつ病による自殺者数は明らかにはなっていないが、自殺理由の第一が突出して健康面の不調であることからも、うつ病が大きく関与していることが想定できる。

ではボクらはストレスとどう付き合っていけばいいのだろうか。マルチタスク思考は仕事とプライベートを組み合わせるため、すべての時間が仕事でありプラベートとなる。そのため、ストレスを楽しむためのポイントも同時に抑えておく必要がある。

ドラクエの話に戻ろう。ゲームを起動した瞬間、ボクらは勇者に早変わりして王様の指示を受け魔物退治に出かけることになる。初めはレベル1、武器も「ひのきのぼう」だったり「こんぼう」と心もとない装いだが、繰り返しスライムを倒していくうちにレベルも上がりゴールドも溜まる。そこでボクらがやっている作業はといえば一時間二時間と十字キーをグリグリ回しながらボタンの連打をしているだけだ。本来であれば楽しさを見出せる行為ではないが、その先に待ち受ける新たなフィールドの開拓や強靭なボスとの戦い、感動的なストーリーを想像できるからボクらは機械的な動作を延々と繰り返すことができる。

## 経験値を稼いでレベルアップ

ここにストレスとの上手な付き合い方のヒントが隠されている。日々の何気ない作業、むしろ面倒くさいと思われる作業の中でもそこで得られるものに気づくことができれば、それはストレスを生み出す作業ではなくボクら自身のレベル上げとなる。

例えばコンビニエンスストアのアルバイトでも、お弁当の品出しなどからどの世代にどの種類のお弁当が売れているのかなどのニーズ調査ができるし、単純なパソコン業務からでもＥｘｃｅｌやＷｏｒｄなどのアプリケーションのトレーニングができる。一見して単純な作業にしても得るものを見つけ出す習慣が身に付いていればそこで積み上げた経験から自身をレベルアップさせることができ、新たなチャレンジに取り組むことができる。

ドラクエはマルチタスク思考の最高のモデルケースだ。単調なレベル上げでもその先の感動的なストーリーをイメージして積極的に積み重ねていこう。

# マルチタスク思考

これまでボクらは仕事とプライベートという二つの時間軸で生きてきた。しかし今は仕事とプライベートの境界線はその名の通りただの線引きでしかなくなり、ちょっと足を延ばせばいつでも往来が可能となった。

言い方を変えるならば、これまでボクたちはプライベートを楽しみ、仕事で頭を悩ませる、そんなライフスタイルであったはずだ。しかし今ではプライベートを楽しみ、仕事も楽しむ、そんな生き方があってもいいのではないだろうか。

何故ならば今、社会で求められているのは効率化されたシステムの中で人がいかに趣味を充実させるかが問われているからだ。

洗濯機や自動車、パソコンが発明されたことで、これまで社会の中で稼働していた労働時間は半減した。それによって人々はより多くの可処分時間を手に入れた。

ＯＥＣＤ（経済協力開発機構）の調査結果を見ればその数字は顕著に表れている。今から５０年前、１９７０年の労働者一人当たりの平均年間労働時間はおよそ２２００時間程度だったが、２０２０年の今、その数字はゆるやかに減少し、今では１８００時間程度と言われている。その差はなんと約４００時間だ。

その結果何が生まれたか。ボクらは暇を持て余した結果、既存の娯楽では満たされなくなり、いつしか「自分だけ」に最適解されたひと段階上のコンテンツを求めるようになった。ＳＮＳ、ＹｏｕＴｕｂｅなど、同じアプリを開いても誰一人として全く同じ画面が表示されることはないだろう。それだけ今の社会は個のニーズが重要視されているんだ。

今は趣味に資産価値が生じている話をした。そして同時にボクらは趣味に充当する時間を両手でも有り余るほど手にしているんだ。

ではボクらは次に何をすればいいか。それは明確だ。仕事とプライベートの境界線を踏み越え、二つの時間軸を一つにすること。そして仕事とプライベートという概念を取っ払ってしまい、これまでの二つの軸を一括りの人生というカテゴリで取り囲むことだ。

大丈夫、今、あなたの趣味にはニーズがあり、その情報を求めている人間は必ずいる。何故ならば情報の波には約四十三億人という膨大な顧客が存在するからだ。

趣味を仕事に、というと少し難しく聞こえるかもしれないが、実は呼称が変わっただけでその中身は何も変わっていない。

漫画や映画が好きならその感想をブログに書けばいい。写真が好きなら風景や自身を撮った写真をインスタに掲載すればいい。小物づくりが好きならECで販売すればいい。これらすべて今までライターや写真家、モデル、小売業という名称で行われていたものであり、コンテンツが変わったのではなく、呼称が変わっただけに過ぎない。

趣味に対する没入感は凄まじいまでのエネルギーを発揮する。好きな本を読んでいる時、好きなゲームをしている時、好きなテレビを見ている時、人は時間を忘れて、それこそ寝る間も惜しんで目の前のことに没頭して経験を積み重ねることになる。

ロミンガーの法則というものがある。

これは70：20：10の法則とも呼ばれ、人が成長する際に必要とされる要素は、「70%が経験、20%が薫陶（くんとう）、10%が研修」であると示しており、アメリカのリーダーシップ研究の調査機関ロミンガー社が経営におけるリーダーシップ開発のために有効だった要素を分析した結果、導き出された法則だ。

・経験＝実際に取り組んだ行動から身に付いた知識や技術のこと。
・薫陶＝周囲の人間から受けたアドバイスや影響のこと。
・研修＝外部研修や本やネットなどから得た知識や情報のこと。

この法則からもわかる通り、人の成長に左右される要素の70％と大半が経験であることを指し示している。そしてボクらが趣味に没頭している時間は間違いなく「経験」だ。ビジネスでいえば汗水流して仕事をしているという経験は大きな成長に繋がり、それと同じことを趣味では寝ずに食わずに、何なら翌日のことなんか考えもせずに朝方まで続けてしまう。この集中力を仕事に生かせたらきっとすごい経験の積み重ねとなり、結果として大きな成長に繋がることがロミンガーの法則からも想像できる。

SNS上の投稿から人気を集め、その活躍からテレビ番組のレギュラー獲得なんてのは今では珍しくもない。もはやテレビのスカウトの場の一つがSNSと言っても過言ではないだろう。ではなぜテレビ局はスカウトの場をSNSまで広げてきたのだろうか。それは簡単だ。SNSには人を魅了する趣味を魅力的に発信する人がそれこそごまんといるからだ。

しかも発信することに長けている彼らは即戦力になるのだから渋谷や原宿での路上スカウトよりも遥かに効率的ではないだろうか。

インフルエンサーのテレビ出演が増えてきていることからも情報社会において趣味が持つ効力は想像以上に大きいことがわかる。


誰だって趣味の一つや二つは持っているだろう。そのせいで「もういい大人なんだから遊んでばかりいないで」なんてボヤキを耳にしている社会人も結構いるんじゃないだろうか。しかしその考えは間違っている。今だからこそボクらは趣味に没頭してより高みを目指してアップデートさせることが時代にマッチした行動だ。

ボクらの人生は仕事とプライベートという二本柱で構成されているが、この二つを組み合わせて作り出される柱、マルチタスク思考の実装で人生そのものをマネタイズしてしまえばいい。

# 既存の価値観からの脱却

凝り固まった価値観とは恐ろしいものだ。

いくら大多数の人間が「A」だと言っても、力のある人間が一人「B」だといえば大多数の考えは反映されずに答えは「B」となってしまう。声の大きい人がカラスを白だと言えばカラスを白いものと認識するコミュニティが存在するのは時代錯誤のようだが本当の話だ。

この力のある人間というのは過去の時代を生き抜いてきた先人だ。先人の全員が変化を拒むだとか情報弱者だというわけではないが、大半の先人はこれまで自分たちが培ってきたモノの価値が失われることを拒む。それもそのはず。だってその価値を積み上げることにそれこそ身を粉にして働いてきたのだから。過去の経験を想像すれば先人の思考を理解できないと一蹴することはできないが、多くの先人が本質を捉えることなく新しい技術や価値観を否定しがちな傾向にあることもまた事実だ。
○○Ｐａｙなどのキャッシュレスサービスが乱立した時のことだ。ボクはキャッシュレス推奨派なので多くの人にその利便性を説いてきたが、アナログ神話説を抱いて疑わない人は「スマホを落としたら大変じゃないか」と言ってキャッシュレスサービスを頑なに導入しなかった。

確かにスマホを落として、かつパスワードまで解読されたら第三者に好き放題に使われる可能性もあるだろう。でもそんな泣きっ面に蜂のようなことがそんな簡単に起きるだろうか。それに財布だって落とす危険性はあるわけで、「落としたら大変だ！」という不安は何もキャッシュレスサービスだけに該当する問題というわけではない。そんな話をしてもアナログ神話説を信じてやまない人たちからしてみると、どうやら「財布は落とさない」モノらしい。ニュートンもびっくりの謎理論だ。

その他にもクラウドサービスによるデータ共有を提案した時の話だ。クラウドサービスに対してセキュリティ面を懸念しており、仕事で使う重要な機密情報が漏洩するのではないかという心配からサービスの導入が却下されてしまった。確かにセキュリティが100％保証されるシステムは世界広しといえども存在しない。しかしなぜその人はボクが提案したクラウドサービスがどのようなセキュリティシステムを組んでいるのか知ろうともせずに頭ごなしに否定をしているのだろうか。なぜ日頃利用している無料メールサービスのセキュリティシステムには無関心でいられるのだろうか。自分が一度でも触れて問題のなかったものは安全、逆に触れたことがないものは危険だという先入観の表れではないだろうか。

仕組みを十分に理解しての批判は真摯に受け止めるべきだ。それはその批判からより精度の高いものを生み出していくことができるからだ。しかし、過去の価値観に囚われてしまい、新しいものを一緒くたに批判するような意見に耳を傾ける必要はない。

ドイツ哲学者カール・マルクスの弁証法という思考法がある。これはもともと哲学的思考から世界や事物の変化や発展の過程を本質的に理解するための方法、法則として用いられていたが、今ではその解釈は多様化され幅広い思考法の一つとして用いられる。

弁証法とは「正（テーゼ）」「反（アンチテーゼ）」「合（ジンテーゼ）」の三段階のプロセスで構成されている。ここでは簡単な言葉に置き換えて説明するので、専門家の細かいツッコミは控えてもらいたい。

1、企画を設定する【正】
2、企画に対する反論を提示する【反】
3、反論による問題点を解決した企画（レベル2）を設定する【合】

## 弁証法イメージ

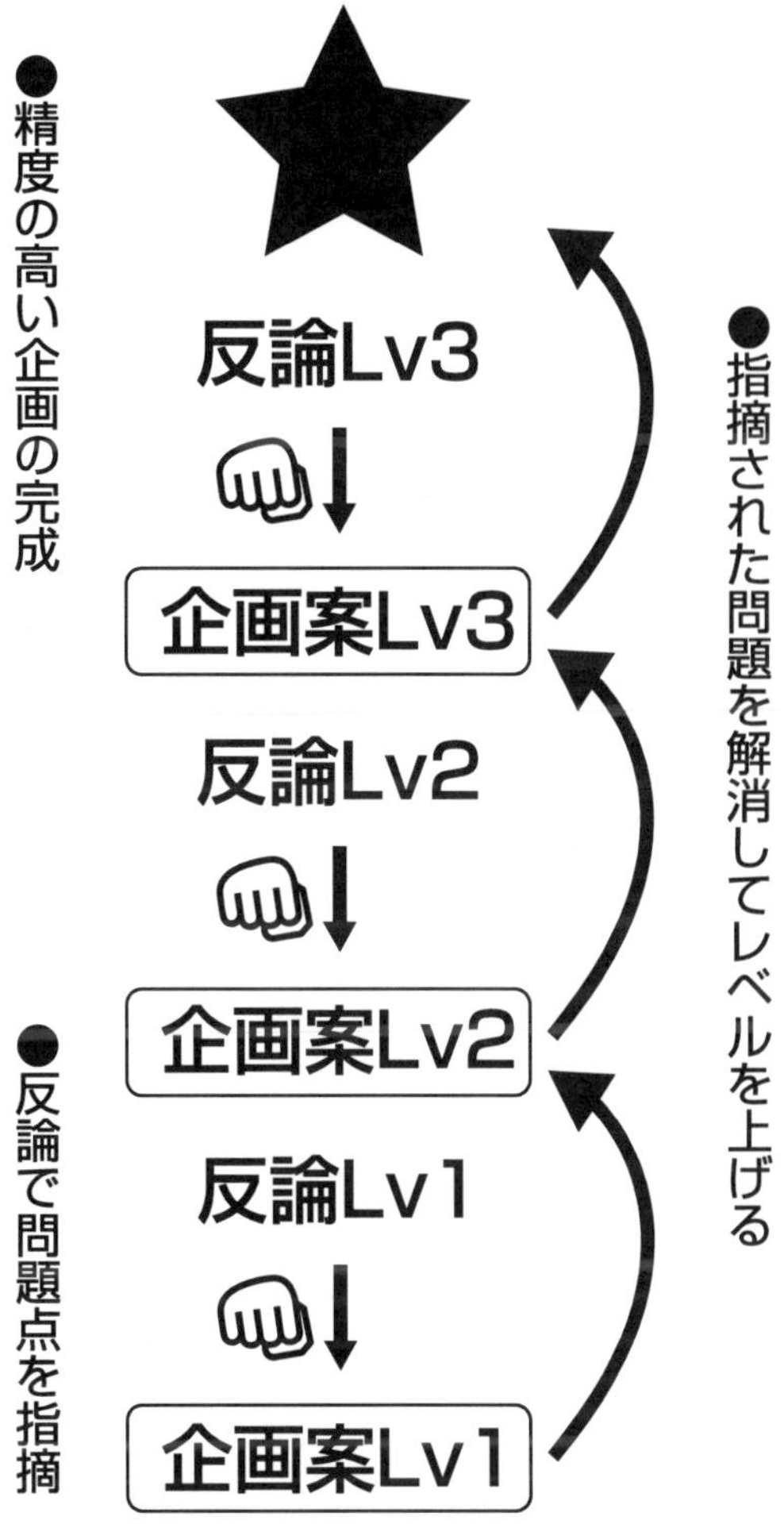
●精度の高い企画の完成
●反論で問題点を指摘
●指摘された問題を解消してレベルを上げる
反論Lv3
企画案Lv3
反論Lv2
企画案Lv2
反論Lv1
企画案Lv1

この行程を繰り返すことで問題点を徐々に解消して、より精度の高い企画を生み出す思考法だが、何よりも素晴らしいのは企画立案の際に対立する反論を切り捨てることなく、むしろ反論によって浮き彫りになった問題点を解消してより良い企画を生み出す思考方法だということだ。つまり、否定や矛盾からより次元の高い考え方（企画）を生み出す思考法、これが弁証法だ。

ただし、これは相手が味方であっても敵であっても反論を素直に受け入れる覚悟と懐の深さが求められる。結果の精度よりも好きや嫌いといった感情を優先させていては企画のブラッシュアップは実現しない。

あなたが仮に料理人だったとしよう。

クリスマスに向けて考案したオリジナルケーキがそれはそれは素晴らしい仕上がりだった。一口食べるだけで感涙するほどの美味だったとしても、あなたを除く全人類がそのケーキを「不味い」と評価したならばあなたはそのケーキにどれだけ自信があっても自分が感じ取った「最高に美味い」という価値観を押し殺してそのケーキを世に売り出すことはないはずだ。逆にあなたがどれだけ納得のいかない仕上がりだったとしても、あなたを除く

## 既存の価値観からの脱却

全人類がそのケーキを三ツ星ケーキと評価をすれば商品として陳列することが皆（お客）のニーズに応える結果だし、ビジネスマンとして間違いない選択と言えるだろう。極端な例だがこれが自身が信じて疑わないといった凝り固まった価値観との戦いだ。

既存の価値観を尊重するあまりに新しい価値観を受け入れることができないのは思考の足枷だと考えるべきだ。それはアマゾン・ドット・コムの株価を見ればそれが顕著に表れている。

もはや誰もが知る世界最大手のＥＣサイトＡｍａｚｏｎ。開業当時、無名だったアマゾン・ドット・コムはこの２０年で株価を約４００倍にも成長させている。当時はほぼ価値を持たなかった株が今では米国市場における成長株の代名詞となっており、社会的価値の変化を数字で表している。

もし今あなたが所属する組織が過去の価値観に囚われ、本来価値あるものをないがしろにしている、もっと言うならば叩き潰しているなら、あなたが情報や信頼といった今の価値を説いて理解を求めるしかない。それがあなたたちデジタルネイティブの責任でもある。しかし、その説得が彼らに届かないのならば、結果で示す、もしくは袂を分かつという選択肢を選ばなくてはいけないかもしれない。

確かに理解しがたいもの、今まで見たことのない新しいものを受け入れるには勇気がいるし痛みも伴う。しかし新しい「何か」を生み出すには過去の「何か」を壊す必要が生じる。

創造的破壊という言葉がある。なんだか中二病っぽい響きだがとても大事な概念だ。創造的破壊とは、オーストリアの経済学者シュンペーターが生み出した言葉であり、過去の価値観に囚われた秩序良き市場を破壊し、時代に即した成長性ある経済圏を作り出すことを指す概念である。

組織内だろうが組織外だろうが新しいことにチャレンジをするとき、秩序良き市場を破壊しようとするとき、あなたのことを批判する声はたくさん出てくるだろう。もしかしたらあなたの身内からも出るかもしれない。きっとあなたの想像以上にその声は大きく、あなたの胸をえぐるかもしれない。しかし、その批判の声は過去の価値観に囚われてはいないだろうか。感情的に次代に対して嫌悪感を抱いていないか。

# 既存の価値観からの脱却

あなたは既に数多くの分岐点を見過ごしているかもしれない。もしかしたらこれから先、数多くの可能性の芽を気づかずに踏みつぶしているかもしれない。じっくりと目を凝らし、そして耳を澄まして批判の声の正体を見極めることだ。あなたが勇気をもって創造的破壊を行った時、あなたは正しい価値観に触れることができる。

# 情報に乗るための基礎体力作り

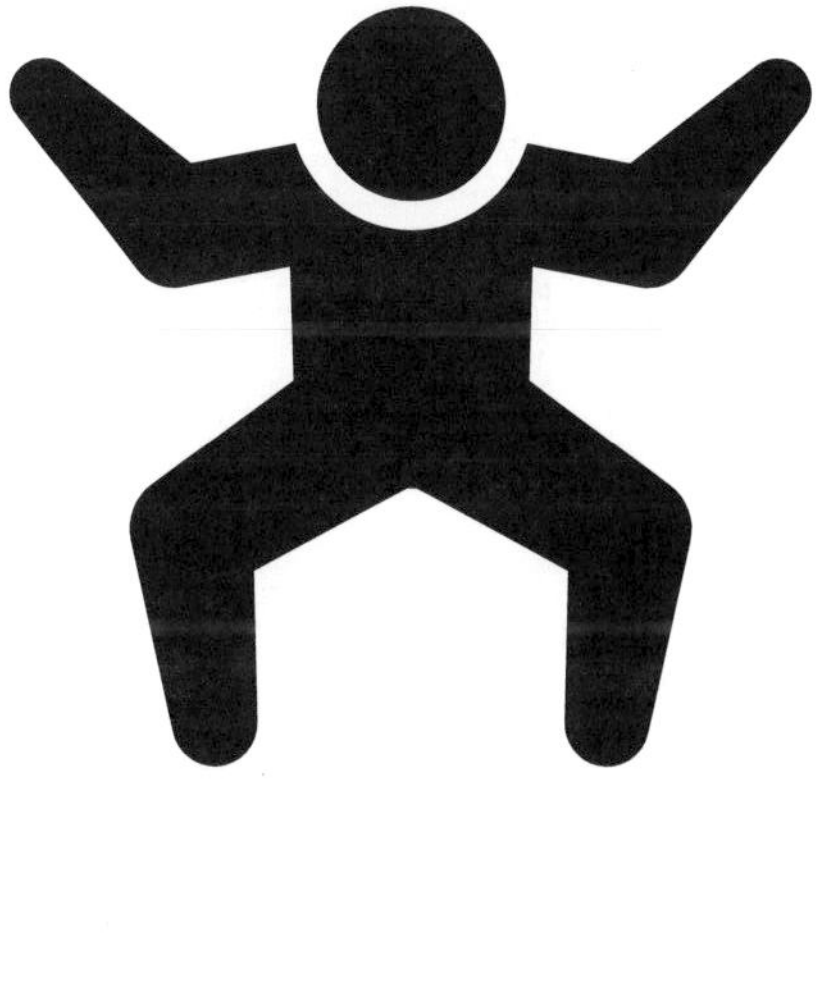

ここまで情報社会についてあれこれ書いてきたが、なにもデジタル化がすべてと言いたいわけではない。

誰もがいますぐ脱サラしてブロガーになれるほどボクらは優秀な人間ではないし、アナログ業務であるコンビニのレジ打ちアルバイトだって「現時点」における社会の仕組みの中では欠かせぬ要素であるのも事実だ。むしろ脱サラなんてやめた方がいい。だって決して多くはないかもしれないが安定した収入を得られるのならば、その組織に属したままどうやって時間を捻出するか、そしてその捻出した時間で何にチャレンジができるかを考えるべきだ。

情報社会の中であなたのタスクをコンビニのアルバイトだけに限定して従事していく必要性はない。マルチタスクで副業を連鎖的に増やしていくことはこれからの社会を歩むあなたの人生を間違いなく豊かにしてくれる。

だが、そのためにはこれからますます加速する情報化の波に乗るための基礎体力作りが欠かせないが、情報社会で輝かしい活動をしている人ほどアナログ社会での基礎体力作りを掘り下げて発言しないのでここで記載したいと思う。

基礎体力作り、それは対人コミュニケーションを通してコミュ力を高めることだ。とてもアナログなことを言っているかと思われるかもしれないが情報は「発信者」と「受信者」がいて初めて成立するものだ。そこには人がいて感情がある。その感情を読み取ること、そして感情を掌握するためにもコミュ力は欠かすことのできないスキルだ。

コロナ禍でＷＥＢ会議が主流になり、多くの人がパソコンやスマホのカメラ越しに会議や打ち合わせを体験しているのではないだろうか。（４０歳手前にもなって毎日自分の顔を長時間眺めるのは苦行でしかないが、こればっかりはどうしようもない）

ＷＥＢ会議は移動の時間もかからないし話が無駄に脱線することもないと良いこと尽くめのようにも思われるが、カメラ越しでは人の発する熱量までは掴みきれないというデメリットも存在する。

人はコミュニケーションをとる時には目線やボディランゲージ、声の抑揚などの発言内容以外にも様々な情報をもとにその情報を精査している。しかし、それをカメラ越しに伝えきれる、把握しきれるほどのスキルも経験もボクらは持ち合わせていない。

それが相手の顔すら見えないブログやＹｏｕＴｕｂｅなどの片道発信の情報となればな

おさらハードルは高くなってしまう。

だからこそ聞き手がどのようなものを求めているのか、そして自分はどのように情報を発信すればよいかなどの考察をより深めていかなくてはならない。


メラビアンの法則というものがある。

メラビアンの法則とは「3Vの法則」または「7―38―55ルール」とも呼ばれる心理学の法則であり、人間は人と話をするときに単純に言葉だけでやりとりをしているわけではないことを示している。

その内訳が次の通りだ。

○ボディランゲージ＝55％
○話すトーン・声質＝38％
○話す内容・言語＝7％

このようにボクらは対人コミュニケーションをとるときに多くの情報を無意識のうちに分析している。「この人は大事なことを話すときは身振り手振りが増えるな」だったり、

「この人は自信が無いときは声のボリュームが小さくなりがちだな」だったり、「この人は緊張していると早口になる傾向があるな」などだ。

これがＷＥＢ上に置き換えられたと、そんな発言内容以外の情報がより伝わりにくくなり、意図した内容の伝達はますます困難なものとなった。

だからボクは簡単に「活動拠点をインターネット上だけにすべきだ！」なんてことは言わない。どのようなコンテンツであろうと、相手のニーズは何かを熟考しなくてはならないし、そのニーズを満たすための情報を自分が持ちうる材料の中から取捨選択する能力、そしてどのような手法を用いて情報を発信すれば最も相手に分かりやすく届くのかを考察できるスキルを身に付けるのが優先だからだ。

どれだけ有益な情報も発信者によって届く距離や深度は異なる。実際に体験したことはないだろうか。ニュースなどを見ていて「そうだよな〜」と共感すべき内容でも発言するコメンテーター次第で「お前が言うな！」とテレビにツッコんでしまったことは。例えば過去にブラック企業として訴えられた会社の社長が「労働環境の改善が企業の最優先事項です」なんてコメントしていたら総ツッコミを入れたくなるだろう。とはいえもちろんコメンテーターとしてコメントを求められているのだから、そのようなケースでは既に問題を真摯に受け止め、労働環境の改善に努めているといった実績があるなど、過去の行動と発言の齟齬を埋めるような「修正作業」をしているだろう。そうであれば過去の行動と発言に齟齬は生じないが、受信者であるボクらがその「修正作業」といった情報を得ていない、要するに知るか知らないかといった情報量の差異で発信者に対する評価が人それぞれ異なり、その評価によって発信内容の信憑性までをも左右してしまう。それほどまでに受信者の理解度は均一ではないため、発信者は受信者目線を勘案して情報発信を心がけなくてはならない。（もちろんコメンテーターによる過去の行動に対して修正作業が行われておらずにツッコミをいれられてしまうケースもあるだろうが）

忘れてはいけないのは、自身に対する評価はひとそれぞれ異なるという点だ。他者から見た自身の評価を客観的に分析すること。自分という人間を形成しているのは自分ではない。あなたがどれだけあなた自身を「優しい人間」だと思っていても周囲の人間があなたのことを「冷たい人間」だと評価をすればあなたの社会的評価はやっぱり「冷たい人間」だ。他者の評価を勘案して自身の立ち位置を見抜くこと、そしてその時の立ち位置に見合った言葉の選択ができる人ほど相手の心に響く発信ができる。

対面コミュニケーションとオンライン上でのコミュニケーションは似て非なるものだ。先ほどのメラビアンの法則の数字がまるっきり逆転して、ボディランゲージは意味をなさず、話すボリュームや声質もこれまでと同等の重要性を持たない、オンライン上のコミュニケーションでは最も重視される項目が「話す内容・言語」となりつつある。

重要なポイントは対面コミュニケーションで重視される「話す内容・言語」スキルを磨き上げることだ。「話す内容・言語」の比重を7%ではなく50%、60%と向上させなくてはならない。そのためにオンラインオフライン問わずにコミュ力を磨き、対象のニーズを汲み取れるように、そして汲み取ったニーズを叶えるためのアプローチ方法を高めるためにもコミュニケーションを通して基礎体力を向上させていかなくてはオンライン上での活動は困難だろう。

中には「コミュ障のボクでもできた！」などのキャッチコピーで活動しているブロガーやYouTuberもいるが、そういった人たちは突出したスキル、または誰もが取り組んでいない新しい分野の開拓という希少性の高い価値を提供しているからこそ成立している話だ。

それが誰にでも当てはまるわけではない以上、自分の立ち位置を客観的に見つめ直すこと、いかに対象のニーズを汲み取るか、そしてどのような手法を用いて発信するかなど相手の顔をイメージする能力、コミュ力があなたの支えとなる。何故ならばコミュ力はオンオフ問わずその成果を発揮する。その基礎体力作りが後のあなたの財産となるはずだ。

# 石で稼げ

ボクが初めてアルバイト以外でお金を稼いだのはアフィリエイトだ。当時ボクが作ったサイトは好きなラジオや小説の話、簡易なスクリプトで作ったパズルゲームなどを公開していた。今思い返してみてもなんとも一貫性のないサイトだったが当時は趣味全開のようなサイトに一過性のブームが巻き起こっており、それなりのアクセス数を稼いでいた。

そんなサイトで組み込んだのが広告型収入のアフィリエイトで、少ない時で一日二百円〜三百円、ゲームを公開した時なんかは比較的多く千円〜二千円程度のお小遣いを稼いでいた。当時ボクは高校卒業後、アルバイトで生計をたてていたので、このお小遣いはかなり大きかった。とはいえボクからしてみればお金を稼ぐために始めたサイトではなかったので、そこで発生する広告料に対して若干気味悪さも感じていた。当時はまだまだ「広告収入」という概念も定着していないため、ボク自身なぜか広告収入に対してやましい気持ちを抱いていたが、アフィリエイト広告をはじめ、オンライン上での広告収入は今では個人で稼ぐ最強のツールとして定着している。

ではなぜボクは当時アフィリエイトで稼ぐことにやましい気持ちを抱いていたのだろうか。それは「働かないでお金を稼ぐ」といった日常では触れることのできない体験をしたからだ。

## 石で稼げ

ボクは趣味でサイトを運営していた。確か始めたきっかけは面白いサイトに惹かれて自分でも作りたくなった、そんな単純な理由だったと思う。だから記事の更新やゲームの公開も寝ずに取り組んでいたし、まったく苦ではなかった。

「働かないでお金を稼ぐ」、この体験がもたらすインパクトはきっとあなたの想像以上だ。だってボクらは好きなことをするために嫌なことに耐え忍んで働いてお金を稼ぐはずなのに、好きなことをやりながらお金を稼いでしまうんだ。そして情報社会の今、それは格段に実行しやすくなっている。

例えばあなたが石を愛してやまない人間だったとしよう。あなたは石を愛するあまり、道路や公園、公園や海辺とありとあらゆる石を収集しては持ち帰り愛でているような一昔前なら「変人」と呼ばれるような人だ。

しかし今ならそんな石集めという「趣味」だって大きなビジネスチャンスになる。オシャレな重石としてもよいし、自宅のインテリアとして飾ったりしてもいい、万を超える石を見比べてきたあなたの眼があれば新たなアートを生み出すこともできるかもしれない。

もちろんそれは誰でもできるわけではない。常人には想像を絶する石へ対する愛、要するに「プライベートを極めた」人だけに許されたビジネスだ。

これは何も石に限った話ではない。ボクは和菓子が好きで色々な和菓子を食べに遠征をしている。その際、情報収集するのはインスタグラムを使うが、そこには和菓子があまりにも好きすぎて和菓子業界の広告塔となってしまった人もいる。当然その人の元には和菓子の情報を求めて多くの人がアクセスする。そして多くのアクセスがあればその情報は収益化され、一昔前まで「和菓子好きの変な人」は今ではその趣味で多額の収益を生み出している。


「いやいや石ころで稼げるはずないでしょ」と思う人がいるかもしれないが、実際に世の中には「落ち葉」で年収一千万円稼ぎ出している女性がいる。落ち葉と言えば公園や駐車場に散乱し、役所がシルバー人材センターにお金を払って処分してもらうものといったイメージがあるが、この誰から見てもゴミ、不要だと思われる落ち葉をビジネスに変えてしまったんだ。

ボクらの中では落ち葉＝ゴミという認識しかない。しかし、全国くまなく目を凝らしてみると、中には落ち葉を求めている人がいることに気づくはずだ。それは料理だ。日本料亭の懐石料理などの品格高い料理の隣に真っ赤に色づいた美しい葉っぱが添えているのを見たことはないだろうか。これはお店の品格が上がれば上がるほど落ち葉の色合いや形、そのクオリティが求められ、料理を惹きたてる演出効果としてボクらが不要物だと思っていた落ち葉に価値が生まれお金が発生している。

この女性は落ち葉の魅力を仕事の中で見出したのだろうか。初めから日本料亭に卸すために落ち葉調査を始めたのだろうか。そうではない。日々の生活の中で紅葉の美しさに心を奪われ、その美しさを自身の感動体験から落ち葉ビジネスが生まれたのだろう。

こうなってくるともはや仕事というものを枠にはめるメリットがあるのだろうか。仕事とプライベートを切り離すのは無駄。無駄というよりもどこに可能性が埋もれているか分からない社会においては非生産的ない話だ。せっかくのビジネスチャンスを「仕事とプライベートは別」という過去の常識に無理やり押し込み、せっかくのビジネスチャンスを潰してしまっている。

ボクらは既に仕事とプライベートいう大きな二つの点を持っているのに、自分から必死になってその二点を切り離して考えている。

石の話に戻ろう。

厳選に厳選を繰り返して選び抜かれた魅力的な石をどうやってビジネスに転換するか。それは日頃のビジネス経験を生かさなくてはいけない。

もしあなたが営業マンならば、どうやって商品を売っているか考えるんだ。顧客ニーズは何か。顧客のメリットはどこにあるか。この商品（石）は長期的にどのような波及効果を生み出すか。

もしあなたが料理人ならばどうする。

レストランはただおいしい料理を提供すればいいのではない。各種料理に合ったお皿を用意したり、雰囲気を醸し出す音楽の選定、店内の間取りにもこだわりが必要だ。要するに演出力が問われる。どうすればその演出を「石」に生かせるだろうか。

インターネット上には好きなことをしてお金を稼いでいる人がたくさんいる。もちろんみんな好きなことだけではなく、その情報発信に頭を悩ませ労力を注いでいるが。

ボクが最近チェックをしているのがバンコクを活動の拠点としているマナブさんだ。マナブさんが運営している「manablog」は他を凌駕する圧倒的なボリュームとクオリティを誇っている。プロフィールにも「ブログ・アフィリエイト・プログラミングを愛していま す。」と書かれているように、ブログではサイト開設からSEO、プログラミングなどの情報を中心に発信しており、フリーランス垂涎ものの情報がこれでもかというくらい詰まっている。

マナブさんの「愛しているモノ」と閲覧者のニーズが合致したブログ運営は人気を博し、その活動の幅をYouTubeやTwitter、最近では音声配信とその枠を拡大しつつ、親和性の高いコンテンツを見事に連動してしている。(ちなみにマナブさんのYouTubeのチャンネル登録者数とTwitterのフォロワー数を合わせると74万人超えというまさに情報発信者のトップランナーだ)

ブログやYouTube、Twitterというと、「情報発信のコンテンツを増やしただけでしょ」と思う人もいるかもしれないが、マナブさんはそのSNS上での活動をベースにコンサルタントやWEB制作、ライティング業務といったマネタイズを実現している。

これは「情報発信」という大きな輪の中にある「IcTを用いた経営戦略」や「ホームページ運用ノウハウ」、「文章力」といった数多くの情報を起点に、コンサルタントやWE

B制作、ライティング業務といった新しいビジネスの機会を作り出し、マルチタスク化を実践している。
マナブさんには既に確かな実績がある。これまで無料で発信してきた情報に裏付けされた高いクオリティがあるのだから、スキルと人脈に裏付けされた信用は存分に蓄積されている。後はその信用をマネタイズするためにコンサルタント等の業務を通して収益化が実現する。

ただ一つ注意をしたいのは、そのクオリティだ。ブログは当然ながら、ＹｏｕＴｕｂｅもＴｗｉｔｔｅｒも音声配信もマナブさんの発信には圧倒的なボリュームとクオリティが備わっていることだ。ボクらは本当に好きなことに取り組むとき、寝るのも惜しんで没頭する。そしてそれほど没頭することができれば経験値が溜まるのだから精度も高まりボリュームも他を引き離す。それほどの愛があればマネタイズは後から付いてくる。

あなたは石を愛している。それはただ好きだというものではなく、熱中し、没頭し、時間をも忘れて石の魅力を引き出すことだ。そして他の誰もが気づかなかった石の魅力が伝播して初めてマネタイズが完成する。

## 石で稼げ

石は一例だが、あなたが持ち合わせているスキルはあらゆるビジネスと連鎖反応を起こすことができる。

あなたのプライベートは情報の波に乗り資産価値を生み出している。同時にインターネット上には約四十三億人の情報が飛び交っている。この約四十三億人の顧客名簿ともいえる情報を使わない手はない。

# 投資先を増やせ

投資先と言っても何も株式やFX、仮想通貨などではない。ここで指している投資先とはお金ではなくあなた自身だ。

これまで繰り返し説明してきたが、お金そのものに価値はなく、あなたがお金を投じて得るものはお金ではなくあなた自身のスキルや人脈、そして信用でなくてはいけない。お金を投じてあなた自身のスキルである技術や知識を高め、人脈を構築して信用を得る。お金を増やすための投資なのか、それともお金に振り回されない人間になるための投資なのか。似て非なる目的を明確に選別してほしい。

ではあなたの何に投資をすればよいのだろうか。それはあなたの目的から逆算をすれば自ずと見えてくるはずだ。

あなたは今、会社など所属しているコミュニティでどのような結果を求められているだろうか。その求められている結果に対して必要なスキルを書き出してみよう。

漫画家ならば読者を魅了する絵やストーリー構成であったり、料理人であれば頬が落ちるような料理の腕前や特別な空間を作り出す演出力かもしれない。サラリーマンならば企業が求める結果を生み出すことであり、営業や企画力などの集客力だろう。

# 投資先を増やせ

知識を身に付けるならば本を読む、専門家の講演に参加するなど、情報社会だからこそ至る方法を駆使して身に付けることができるだろう。

では技術はどうだろう。これは本を読んだりネットを漁って手に入るものではない。日々の業務を通して身に付けるＯＪＴ（On The Job Training）だけにとどまらず、自発的にＯＦＦＪＴ（Off The Job Training）にも取り組んでいかなくてはならない。

しかし日々の業務にクタクタのあなたにこれ以上「頑張って学べ！」というのは酷な話かもしれない。しかし仮にあなたが休日にソファーに横になってスマホで目的もなくネットサーフィンをする時間があるのならば、その時間を活用してあなたが求められている結果に対して必要なスキルを磨くためには、ある程度のお金と時間を費やすなど、もう少し無理をしてみてもらいたい。

そしてあなたに技術と知識というスキルが備わった時、そのスキルを評価して信用してくれる人に出会うことで初めてあなたの価値をマネタイズする機会が発生する。そのためにもとにかく人に会いに行こう。インターネット上だけではなくリアルな対面だ。リアルな出会いは熱を帯びている。

情報社会ではインターネット上で簡単に人と交流を持つことができるが、その絶対数が増えた分、交流の密度はどうしても薄まる。だからこそリアルな対面に価値があるんだ。ボクは時間が許す限り食事は誰かと過ごすようにしている。食事はおいしいといった快楽や充実感を満たし、それらの感情を共有する相手には好意的な感情を抱くと言われている。これを心理学用語で「ランチョン・テクニック」というが、仲良くなりたい相手にはポジティブな空気づくりが欠かせない。

当然ながら外食が増えれば出費もかさむ。しかしこれを出費と捉えるのではなく、人脈形成の投資と考えるべきだ。

ボクは二十九歳でそれまで勤めていた会社を辞めて独立。三十歳で市議会議員選挙において初当選を果たした。ではなぜそれができたか。もちろん多くの人に支えられ、運にも恵まれていたが、政治に関する見識がゼロでも叶えることができるほど甘い世界ではない。それは約一年半もの期間を人にあざ笑われる程の自己投資をしてきたからだ。

ボクが政治に興味を持ち、議員を志したのは20代半ばだった。政治に対する知識は本やテレビ、ネットである程度身に付けることはできるが技術は机上の空論では済まない。そこでボクは見ず知らずの政治家事務所の門を叩き、休日のほとんどをボランティアに費やした。

約1年半のボランティアで費やした時間は６００時間以上、その時間をアルバイトに充てていれば時給１０００円で換算しても６０万円以上だ。移動や食事などは自腹も多く、選挙の手伝いなどがあればより出費も増えた。しかし、この経験で得られたノウハウは自身への投資となり、お金以上の価値を生み出し結果に繋がった。

幸いなことに初出馬で初当選という結果を生み出せたのは間違いなく政治家事務所でのボランティアという経験が生かされた結果だ。

しかし、ボクが議員を志しボランティアに従事している期間、親を含めて多くの人から常に反対をされていた。

というのも、ボクの親族で議員がいたわけでもないし、何かしらの支援団体とのコネク

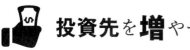

ションがあったわけでもない。どこかしらの政党支持者でもないボクが突然議員になりたいと言い出したわけだからこれまでの常識から考えれば実の親だって反対をするだろう。

だが結果はどうだろうか。ボクはボランティアという自己投資を経て政治の知識を高め、実戦を通して選挙戦略という技術を身に付け、その過程で人脈を構築した。それらのマッチングは信用という形になり結果を出すことができた。

もう一つ、ボクが今行っているボランティアについて説明をして自己投資の考えを深めてもらいたい。

ボクは日本語の講師をしている。講師と言っても無償で日本語を学びたい外国人とビデオ通話で日常会話をする程度だ。アニメや漫画の影響もあり外国人の日本語需要は今や驚くほど高くなっている。SNS上で呼びかけをすれば国籍もバラバラで老若男女問わず希望者から連絡が届き、海を越えての会話が可能だ。

ではなぜボクがお金にもならない日本語講師なんかをしているのか。それはボク自身が英語の勉強をしたいからだ。日本語を教えると言ってもすべてが日本語なわけではない。相手が日本語で表現できない言葉や、逆にこちらが日本語のニュアンスを伝えるときに簡易な英語を使う過程で生の英会話に触れることができる。ボクは過去にオンライン英会話のレッスンを受けたことがあったが、超が付くほどの英語初心者であるボクは英語しか話せない外国人とカメラ越しに対峙してもそもそも何を言っているのかすら聞き取れなかった。結局あたふたしているだけで時間は過ぎてしまい、有意義なお金と時間の使い方ができなかった。大半の日本人は外国人と会話をすることが苦手だ。だからこそ非対面型のオンライン英会話レッスンサービスは増加傾向にあり、日本人の英語需要はビジネスとして伸びしろがあることがわかる。

そこでボクが考えたのは、「なぜ人と人が話すことにお金が発生しているのか」ということだ。ボクらは日常で会話をすることでお金が発生することはない。しかし、日本人が英語を求めているからたとえ日常会話でも英語であればそこにお金が発生する。同時に英語を学びたい日本人がいるのならば、日本語を学びたい外国人もいるのではないかという考えに至った。

では逆のシステムを作ってしまえばいい。ボクらが持つ日本語という外国人が求めるツールを用いて外国人と会話をする過程で英語に触れることができれば、ボクが本来オンライン英会話レッスンに支払っていたお金は発生しない。何故ならば外国人がボクに求める日本語の価値とトレードされるからだ。こうしてボクはお金をかけることなく生の英語に触れている。

これは理想的な投資だ。何故ならば「日本語による会話」というボクにとって当たり前のスキルはニーズを持つ対象（ここでいう日本語を学びたい外国人）に対しては資産価値を持つ。なにせボクにとっては日本語で会話するなんてことは時間さえ取れれば原価ゼロだ。その原価ゼロのツールを投資することでボクは英会話レッスンに支払うはずだった月一万円と同等のレッスンを受けることができる。

ボクらの大半は「普通の人」だ。何か突出した才能を持ち合わせた天才でなければ恵まれた家庭環境だったり、生まれながらにすべてを手にしているエリートでもない。失敗や小さな成功を繰り返してきた普通の人だ。

そんなボクらが過去の基準で測られた「普通」以上の何かを手にするには正しい方向に投資をしなくてはいけない。

投資先はいくらでもある。本を読む、ボランティアをする、人と会う、講習に参加する等々、その数を増やすことだ。

それを指さし「意識高い系」とあざ笑う人もいるだろうがそんなことを気にしている時間は無駄でしかない。批判の声は過去の慣例から生じた惰性であり、あなたがやっていることは「意識高い系」ではなく「意識高い」行動だと自負して良い。

# 輪を拡げろ

既に仕事とプライベートの境界線が失われているのは繰り返し述べてきた通りだ。そんな中、僕らは人生を大きな一本の軸として捉えてマネタイズしていかなくてはならない。

あなたの特技は何だろうか？

ＷＥＢデザイナーならアートに関する知識や技術、ｉｌｌｕｓｔｒａｔｏｒやＰｈｏｔｏｓｈｏｐなどのパソコンスキル。プログラミングやＦＴＰなどの知識も持ち合わせているのではないだろうか。営業マンなら車に乗ることも多いだろうから道に詳しいし、メールマナーや話術にも長けているだろう、資料作成スキルや飛び込み営業のガッツも特技と言っていいだろう。お花屋さんはどうだろう。花言葉などに詳しいだろうし、店頭のレイアウトにもデザインセンスも不可欠だ。もしかしたら色彩学にも精通しているかもしれないし、花の香りを楽しむための演出など得意ではないだろうか。

こうやって考えると職業は一つでも、兼ね備えているスキルは数多い。それらのスキルを職業・職種を中心とした輪の周辺に配置してみよう。

# 輪を拡げろ

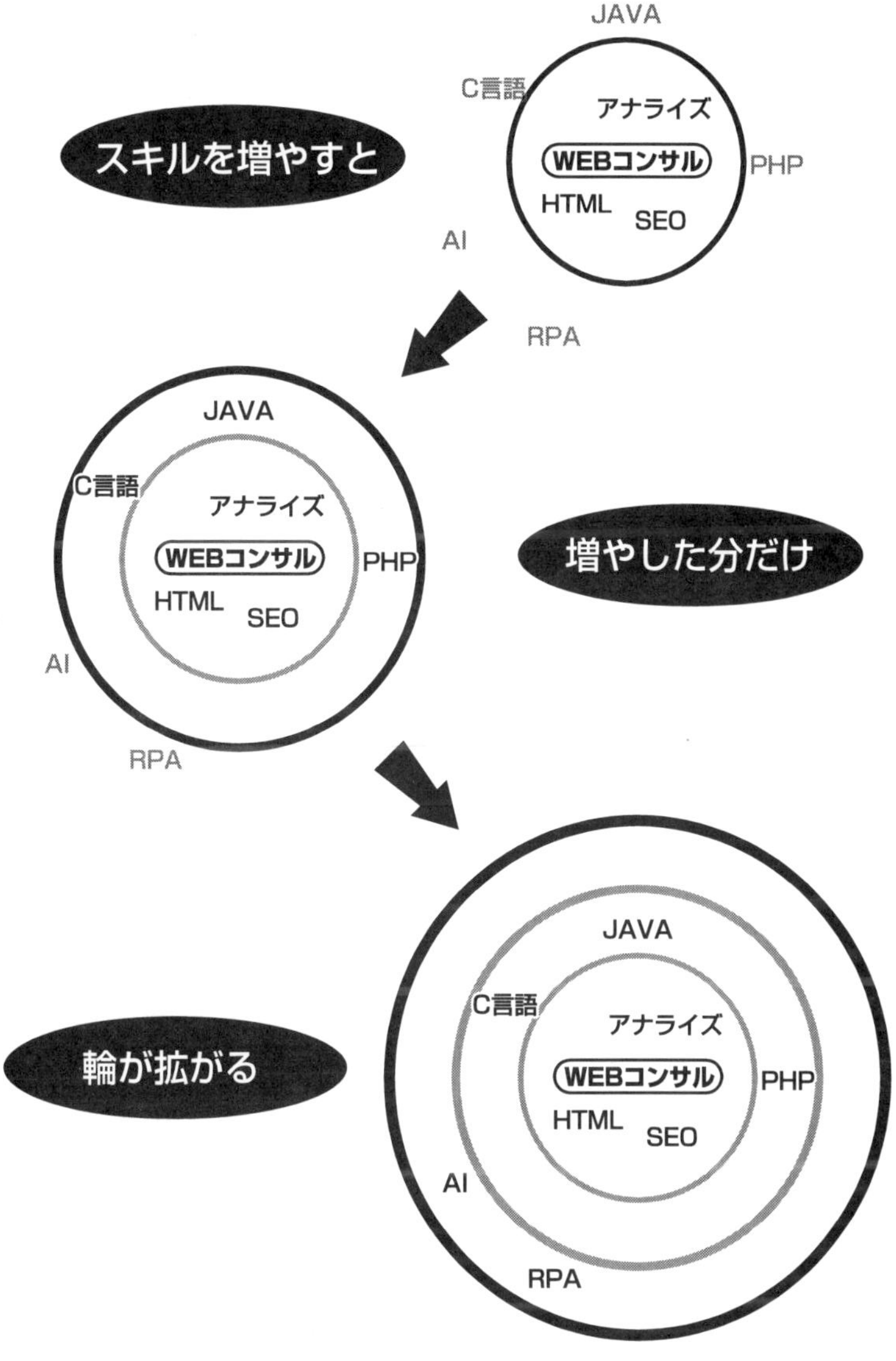

スキルを増やすと
JAVA
C言語
アナライズ
WEBコンサル
PHP
HTML
SEO
AI
RPA
増やした分だけ
JAVA
C言語
アナライズ
WEBコンサル
PHP
HTML
SEO
AI
RPA
輪が拡がる
JAVA
C言語
アナライズ
WEBコンサル
PHP
HTML
SEO
AI
RPA

このようにスキルが多くなればなるほどあなたの輪はどんどん大きくなっていくのがわかる。

ネガティブな意味で使われる言葉に「器用貧乏」がある。「器用でなんでも無難になくこなせてしまうが、一つのことを極め大成することができない」という意味で使われるが、器用貧乏大歓迎じゃないか。

一つのことを極めて大成。それはもちろん実現すればカッコいいかもしれないが、それはイチロー元選手や藤井棋聖のような天才になれと言っているのと同義だ。突出した才能や他に類を見ない稀な才能、そして親や友人などが背を押してくれるような環境ってそんなに高確率で得られるものではないことを理解しよう。

だからボクらは器用貧乏でよい。だってある程度時間をかければ「無難にこなせる」レベルに達することは現実的だからだ。ここでいう輪の拡げ方は「極めた」数ではなく、「無難にこなせる」数で十分だ。その程度ならば複数のスキルを身に付けることに抵抗がなくなるんじゃないかな。

# 輪を拡げろ

同時に、マルチタスク思考は様々なスキルを身に付け複合させることだが、何も畑違いのことをやればいいということではない。そんな非効率なことをしていては本業がおろそかになり本末転倒だからだ。

ではどうやってスキルの輪を拡げるべきか。それはプライベートの特技をビジネスの輪に組み込むことだ。

ボクはコーヒーが好きだ。人と会う時、一人で本を読むとき、パソコン作業をするときなどはコーヒーの香りに囲まれていると調子がいい。

そんなボクが仮に一つの企業の営業マンだったとしよう。

ボクは趣味が高じてコーヒーに詳しいのだから、取引先と会う時に相手が好むコーヒーショップをセレクトする。苦味が好きなお客さんであれば焙煎が深めのコーヒーを選び、酸味が好きなお客さんであれば浅めのコーヒーを選ぶ。その他にもそこらへんのチェーン店ではお目に掛かれないレアもので話題作りをすることだって可能だ。

相手からしてみてもちょっとした気遣いは嬉しいものだし、コーヒー嫌いでもない限り

「ほんのちょっとのプラス効果」は期待できる。

そしてここのポイントは「ほんのちょっとのプラス効果」でいいというところだ。何もここで逆転ホームランを狙う必要はなく、ほんのちょっとビジネスにプラスとなればそれで十分だ。

「いやいや、そんな手間暇かけてほんのちょっとのプラス効果では時間の無駄だよ」と思う方もいるかと思うが、ここで狙っているのは本業へのリターンではない。この輪に入れる特技というのはマイナスにならなければよく、ほんのちょっとでもいいのでプラス効果があるのならばどんどん追加してあなたの輪を拡げていくことが大切なんだ。


ボクはコーヒー好きで、そのためにあえて時間を割いたりお金をかけているわけではない。趣味が高じて生み出された特技だ。これがほんのちょっとでもプラスとなるならば遠慮することなく輪の中に放り込み、その輪を拡げていこう。

繰り返しになるがスティーブ・ジョブズがスタンフォード大学の卒業式で行ったスピーチにおいて、マルチタスク思考の重要性を説く一節がある。少し長くなるが引用するので目を通していただきたい。

# 輪を拡げろ

〜〜〜

当時のリード大学には国内最高のカリグラフィの授業がありました。キャンパス内のポスターやラベルまですべて美しいカリグラフィがなされていました。私は中退しており必修の授業に出る必要がなかったため、技法を学ぶためカリグラフィの授業に出ることにしました。そこでセリフとサンセリフ書体、文字間の調整、すばらしいタイポグラフィなどを学びました。それは美しく、歴史的で、科学では捉えられない繊細さがありました。それに私は魅力を感じたのです。

そんなことは私の人生に役に立つとは思っていませんでしたが、１０年後に最初のマッキントッシュを作る時になってそれらが蘇ったのです。

そのノウハウを生かし、Ｍａｃは美しい活字を扱える世界初のコンピューターになったのです。大学でカリグラフィの授業に巡り会っていなければ、Ｍａｃにたくさんのフォントや美しい字間調整を搭載することはなかったでしょう。そしてＷｉｎｄｏｗｓはＭａｃの単なるコピーですから、それらの機能を持つパソコンはなかったことになります。大学を中退していなければ、カリグラフィの授業に出会わなかったでしょうし、美しい活字を搭載したコンピューターも現れなかったでしょう。

〜〜〜

どうだろうか。スティーブ・ジョブズの中でカリグラフィとＭａｃという一見すると関連性のないであろう二つの点が結び付くことで、真新しいオリジナリティが生み出され、彼は世界のトップに躍り出た。これらはすべて偶然である。ボクらは計算的に奇跡の掛け合わせを生み出すことはできない。しかし、初めから掛け合わせる「材料」そのものを持ち合わせなければ奇跡どころか何も変わらない。

スティーブ・ジョブズの場合はカリグラフィという趣味が功を奏した。あなたの趣味はなんだろうか。

後述するが趣味をビジネスに反映して「ほんのちょっとのプラス効果」を生み出すこと。これが次に説明する「新たな輪を作り出す」第一歩となる。

# 新たな輪を作り出す

先ほどの項目で輪を拡げるポイントについて記載した。それはあなたの趣味をビジネスに組み込むことだ。それによってあなたの輪は拡がり、より大きな輪となる。

ただここで先ほどの例である「営業」という職種の輪に「コーヒーに詳しい」という特技を追加するだけではビジネスに大きな影響をもたらすことはできない。何故ならば「コーヒーに詳しい営業マン」で終わってしまうからだ。

ここで大事なのは拡げた輪から異なる輪を生じさせることだ。

引き続き営業マンの例で言うならば、ボクはコーヒーに精通しており、道に詳しく資料も作れる。その気になれば僕は新たに「移動式コーヒーショップ」を副業として事業を起こすことができる。もちろんコーヒーが好きなだけで事業を成功させることができるほど商売は甘いものではないが、特技が「コーヒー好き」なだけの人よりも圧倒的に有利なのは間違いない。

ここで仮にただコーヒーが好きなだけのボクが「移動式コーヒーショップ」を起業するよりも、人の流れを把握しており、営業戦略にも長けているボクの方が成功率を上げられると思わないか？

「好きなことで生きていく」というキャッチコピーは理想ではあるが現実的ではない。で

# 新たな輪を作り出す

はどうやってその理想に近づくかを戦略的に考えていくと、欠かすことができない要素がリスクヘッジだ。

そこでボクが提案したいのが既存の輪を拡げること。既存の輪が広がることであなたは新しい輪、世間でいうところの副業をスタートしやすい環境となるだろう。これが輪を拡げることの最も大きなメリットだ。

ツルハシビジネスという言葉をご存じだろうか。

アメリカ合衆国カリフォルニア州で起きたカリフォルニア・ゴールドラッシュ。この金鉱脈に一攫千金を求め世界各地から多くの移民が殺到したが、そこで一番稼いだ人は意外な人物だった。

それはツルハシを片手に誰よりも金鉱脈を掘った人ではなく、金塊を採掘しに来た人へツルハシや、作業に適したワークウェアを売った商人だったと言われている。（ちなみにジーンズメーカーのリーバイスは本拠地がカリフォルニア州にあり、ゴールドラッシュ時に丈夫な作業服としてデニム生地のワークウェアが好調となりビジネスを拡大したという説がある）

これは現代ビジネスでいうところの「労働者」と「経営者」でいえば後者だ。時間を切り売りする労働者と異なり、稼げる仕組みを作り出すことで長期的な収益を生み出している。

これはビジネスの基本とも言われているが、情報社会では既に淘汰されている経営手法であり、稼げる仕組み自体が椅子取りゲームのような状態になっている。

ボクらはその先へ手を伸ばさなくてはならない。それが稼げる仕組みのアップデートであり、マルチタスク思考が本領を発揮するポイントだ。

ボクが仮にツルハシ商人だったとしよう。連日ツルハシを仕入れては作業員に売りさばく。しかしツルハシを仕入れるにしても売るにしても二十四時間体制でそれらの作業に没頭しているわけではないので、多少の空き時間はあるだろう。その時間を自分でツルハシを握り金鉱へ赴くというマルチタスクを構成する。そこで偶然にも金を発掘できれば儲けもんだ。なんせ本来その時間は「ツルハシを仕入れて販売する」という収入に繋がる行為をしていないのだから。

ではその得られるかどうか分からないお金稼ぎ（現代でいえば本業以外のアルバイト）のために本来翌日の業務のために生気を養う時間を削っているのかというわけではない。自分がツルハシを握りしめ業務にあたることの本質の価値はお金を稼ぐことではなく、ツルハシ販売という本業へのフィードバックだ。

ボクはツルハシを仕入れては売っている。毎日のように人は増え続けるわけだから当面の間売上げに困ることはないだろうが、ツルハシ販売がビジネス的に「うまい」商売だという情報はジワジワと広がっていくし、それによって同業者が増加することは止めることができない。同業者が増加することで起きるのは販売単価の低下であり、利益率の低下は避けられない。そこで求められるのは差別化であり、ここでいう差別化は質の良いツルハシを用意することだ。

多くのツルハシ商人がいる中で、ボクだけが実際にツルハシを握って金鉱を掘っている経験を持っているならば、他の商人の追従を許すことなく作業員（顧客）目線の商品を仕入れることができるし、それによって商品の付加価値を向上させることが可能であり、これが副業という輪を作り出すことのメリットだ。

いくらツルハシが飛ぶように売れるとしても金鉱には物量的に際限があり、豊富に見えてもいつかは資源だって枯渇する。だからこそ他者より目を凝らして先を見据え、自分だけの武器を手にすることでライバルの一歩先を歩むための思考法だ。

ツルハシビジネスを例に挙げたが、情報社会の今、新たな輪の作り方は無限大だ。なんせ関連性の高いビジネスは数多く、それにチャレンジする環境は既に整っている。

既にその手に収められている情報を活用して新たな輪を作り出せるかどうかはあなた次第だ。

# マルチタスクのススメ

金融庁の「老後資金二千万円不足」といった報告書が一時期メディアを沸かしたのは記憶に新しいだろう。まぁあの内容も条件が限定的なため、国民すべてに該当するものではないが、それでも「年金だけで暮らすのは不可能だから各々老後に必要な資金がいくらかを調べておけよ」といった結構重いメッセージになったのではないだろうか。

とはいえ人生100年時代において、医療技術の進化と共に人間の寿命はますます延びることが想定されるし、老後の心配は尽きることはないだろう。そうなれば当然働けなくなってからのお金の計画はしておくべきだ。計画と言っても何も貯金すればいいというわけではない。日本ではまだまだ貯金神話説が信じて疑われていないが、ボクは貯金がそれほど万能だとは考えていない。だってどれだけ貯金しても日本の経済には波があるからだ。仮に老後に二千万円必要ですよと言われ、その金額を貯金していても経済が変動してインフレを起こせば物価が上がり「やっぱり三千万円必要になっちゃった（笑）」なんて笑えない冗談が飛び出る可能性だってあるからだ。

必要なことは現時点の経済で推定される貯金額ではなく、必要とされるお金を稼げるだけのスキルと人脈、そして信用を積み重ねておくことだ。

移動式コーヒーショップやツルハシビジネスを例に新たな輪を作り出すマルチタスクについて記述した。これは副産物的にも起業や副業のリスクヘッジともなり、よりチャレンジしやすい環境を作り出す効果も期待される。

しかしマルチタスクのメリットはなにも起業や副業のリスクヘッジだけではない。同じくらい享受できるものがある。それが「活動時間を倍速」させることだ。

人の持つ時間は誰しも平等であり、一日は二十四時間しかない。これはあなたもボクもアメリカ合衆国の大統領はおろか、かつての英雄ナポレオンだって同じ条件だったはずだ。しかしマルチタスク思考を実装することで時間を何倍にも効率的に活用することができるのでその説明をしよう。

ボクらは同時に二つのことはできない。息をしながら歩く、などの無意識下で行われる行動は可能ではあるが、こと作業においてはそうもいかない。

では表現を変えて、二つの作業は同時にできないかもしれないが、二つの成果物を生み出す一つの業務ではどうだろうか。

先ほどの移動式コーヒーショップの例で続けよう。

営業職と移動式コーヒーショップ、プライベートという三つの輪を持つあなたは、営業という業務を通してより道に詳しくなったり販売戦略力が伸びる。そしてプライベートでは趣味を通してコーヒーに詳しくなる。その二つの輪を掛け合わせることで移動式コーヒーショップの業務が生み出された。

そして新たに生み出された移動式コーヒーショップという輪を実行している時の業務は一つだが、移動式コーヒーショップの業務成果は営業職とプライベートの二つの輪にフィードバックされることとなる。


次の図を見てもらいたい。

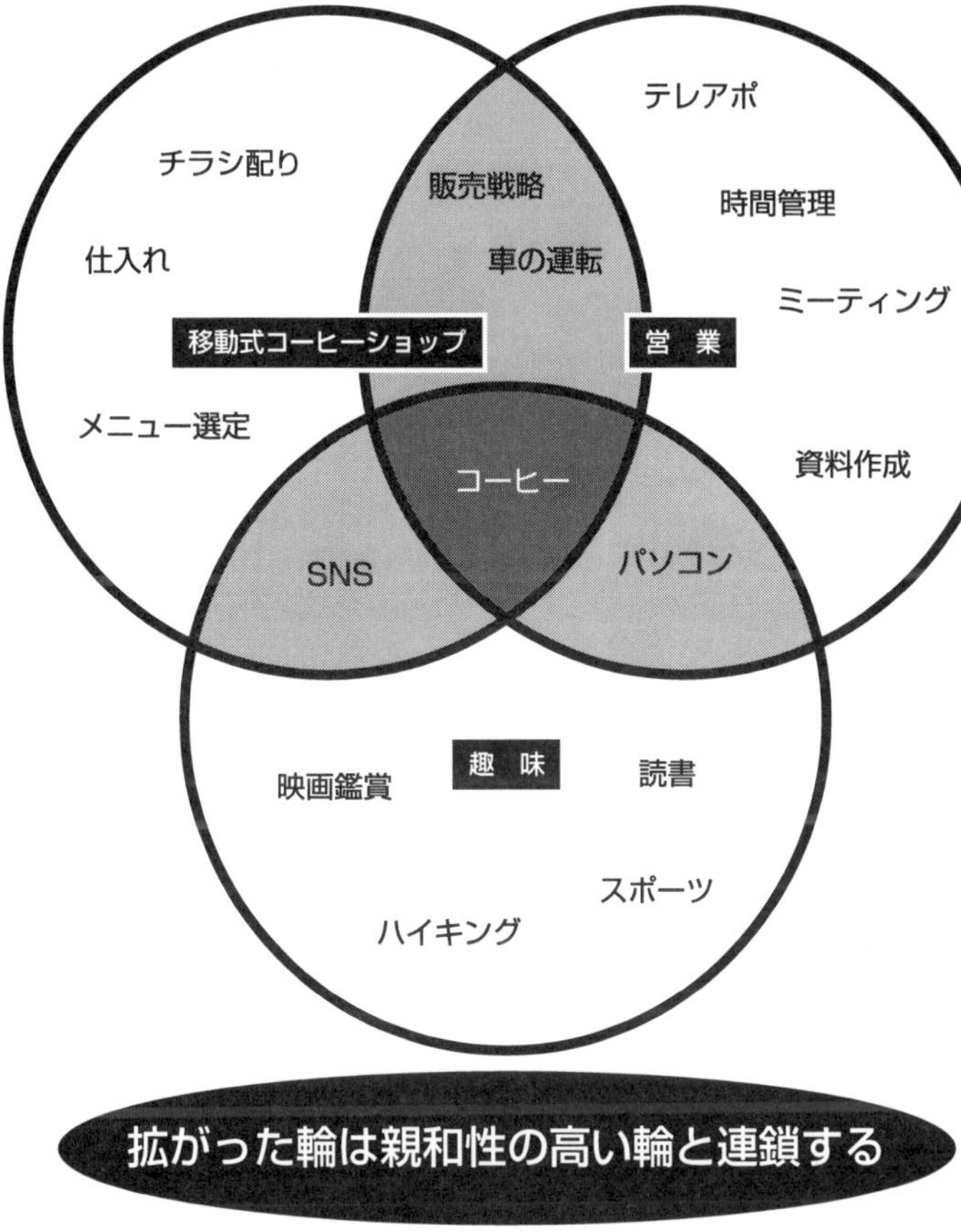
テレアポ
チラシ配り
販売戦略
時間管理
仕入れ
車の運転
ミーティング
移動式コーヒーショップ
営業
メニュー選定
資料作成
コーヒー
SNS
パソコン
映画鑑賞
趣味
読書
スポーツ
ハイキング
拡がった輪は親和性の高い輪と連鎖する

この輪の中にある色の濃い部分は、一つの行動で他の二つの輪にも影響を及ぼす。

「モナ・リザ」の作者として有名なレオナルド・ダ・ヴィンチ。彼は芸術家であると同時に、建築、彫刻、音楽、科学、数学、工学、解剖学、地学、地誌学、植物学と様々な分野に精通していた。

ダ・ヴィンチの作品には短縮遠近法や照明、人体の解剖学や心理描写が用いられており、世界中を魅了する作品には畑違いとも思われる経験がふんだんに盛り込まれている。要するにダ・ヴィンチが解剖学を学んでいる時間は画家としての経験値も積み重なっているということだ。


このように時間は誰にでも平等であると同時に、マルチタスク思考を実装した人は時間の濃度が異なり、そこで生み出される成果は二倍にも三倍にもなりえることがわかってもらえただろうか。

では時間を濃くすることでどのような効果があるのか。

ビジネスにおける時間軸を濃くすることができれば、皆が一歩その歩みを進めた時に、あなたは二歩も三歩も先を歩いており、その距離がマネタイズを構築する。しかし、目先のお金を増やすなんてことを目的にしていてはあまりにもつまらない。ここで実施するマルチタスクで得られるものは経験でありスキルの習得、そして人脈だ。

より輪を大きくすること、そして大きくなった輪から連鎖的に新たな輪を作り出すこと。

これがマルチタスクの醍醐味だ。

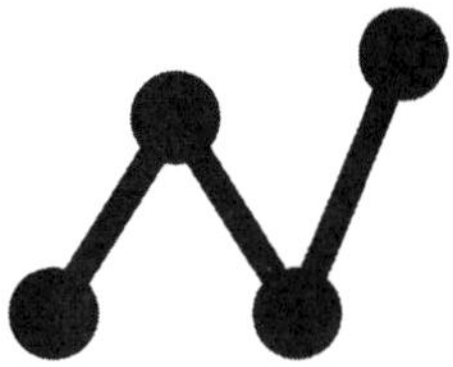

# 数値に
# 取り囲まれている
# 社会

マルチタスクによる成果はすぐに実感できるものではない。「こんな金にもならないことやってて大丈夫かな・・・」なんて不安になるときもあるだろう。

実際、ボクも起業したての頃はほとんど事業をマネタイズすることができなかった。それはマネタイズを「お金を得ること」と勘違いしていたからだ。

社会のあらゆるものの価値は激変しており、その一つがお金であることは説明した既に通りだ。それなのにボクは仕事を通してお金を稼ぐことに躍起になっていた時期があった。そんな中、とあることがきっかけでボクはマネタイズ＝お金という短絡的な考えから解放される瞬間に出会うことができた。

ボクは二十九歳で会社を辞め、それまで勤めていた会社と同じ業種の事業を立ち上げた。翌年に告示される市議会議員選挙に出馬することを見据えていたので、失業手当も受け取らなかったため、退社した瞬間にボクの収入はゼロとなった。その焦りからかボクは「稼がなくては」というとにかく目の前の利益追求に走っていたが、そんなやり方では当然うまくいくはずもない。起業して三ヶ月経っても売上げは思うように伸びず、ボクのプランは完璧に破綻していた。

そんな時に鳴った一本の電話が僕のお金に対する価値観を変えてくれた。

それは、以前勤めていた会社のクライアントからだった。

会社を辞める前に挨拶に行ったボクに、そのお客さんは「会社辞めても明ヶ戸君に仕事を任せるよ」と言ってくれていた。当時のボクは社交辞令程度に受け止めていたが、その人は本当にボクの携帯電話を鳴らしてくれた。

ボクはそれまでビジネスとはモノやサービスを売ってお金に換える、といった短絡的な思考に陥っていたが、実のところ信用経済においてはビジネスとはモノやサービスを生み出すためのスキルを磨くと同時に人脈を構築し、その人脈の中で信用を作り出す行程が必要だったんだ。しかし信用は目に見えないがために軽視され、お金といった目に見える数値にばかり意識が向いてしまう傾向にある。


数値というのはわかりやすい。お金はもちろん、時間や距離、重さや速度など、ボクらは身の回りの様々な現象を数値化して管理している。

先ほど信用は目に見えない数値であるがために軽視されやすいといった問題点を提起したが、あらゆるものが数値化されればそれが良いかと言われればそれも違う。これまでボクらは「友達は何人か」と問われれば半生を共にしてきた友人の顔を思い浮かべたり、そのような友人に自分の発言がどのような影響をもたらしてきたかということをコミュニケーションを通して感覚的に認識してきた。だが今はどうだろう。ＳＮＳ上において人との繋がりはフォロワー数に、発言の評価を「いいね」や「シェア」に代替えしていないだろうか。

ボクは情報社会は人類をより豊かなものにすると確信しているが、それは情報だけに特化した社会というスイッチのオンオフと異なり、アナログとデジタルの調和であるべきと考える。

むしろ実態からかけ離れた数字は見る人にバイアスをかけてしまい、本来の評価と異なったイメージを植え付けてしまう危険性も孕んでいる。

そのため、フォロワー数や「いいね」の数をそのままリアル社会においても同等の評価と錯覚を起こすことは、十円玉を持ってきて「これは百円だ！」と言っているに等しい。

そうならないためにもあなたたちは情報社会のアナログとデジタルという二つの世界を同じ評価軸に置きつつも、数値の差異を見定めなくてはいけない。それは人生をマネタイズすることに直結するからだ。

## 数値に取り囲まれている社会

情報社会はお金の価値が変わっている。あなたたちはマルチタスク思考を用いてスキルを磨き、人脈を構築していかなくてはいけない。その結果あなたは信用を掴み取ることができる。

ではスキルをどう計るべきか。人脈をどうやってカウントするのか。信用という目に見えない概念をどのように理解すべきか。

SNSやゲームなどのデジタル社会であればすべてを数値化するのは簡単かもしれない。しかしボクらが足をついて実際に呼吸をしているアナログ社会ではスキルや人脈、ましてや信用を数値化することは不可能だ。

同時に忘れてはいけないのは数値は見る角度によってその姿をいかようにでも変化させるということだ。

あなたも見たことがないだろうか、携帯ショップなどで「お年寄り向けスマホ教室無料！」などの貼り紙を。一見すると無料のように見える数値も教えてくれるのは基礎中の基礎だけで、応用編まで教わるとあっという間に万単位のお金が飛んでいく仕組みとなっている。

その他にもあなたのスマホにも入っているであろうゲームは無料でダウンロードができる。しかしフルスペックでゲームを堪能しようとすれば据え置き型のゲームよりも高額のお金を払うこととなる。最近では新型コロナウイルスの感染者数もそうだ。第二波は第一波以上の感染者数が出たことで危機感を煽るような報道がメディア各社で行われていたが、死亡率や重傷者率は圧倒的に第一波の方が多かった。これを仮に死亡率や重傷者率を比較した数値を先に出していれば視聴者側の印象は大きく異なるだろう。

マイケル・サンデル教授が用いた「トロッコ問題」。

それは「暴走する路面電車の前方に5人の作業員がいる。このまま電車が進めば5人を轢き殺してしまう。一方、電車の進路を変えて退避線に入れば、その先にいる1人の人間を轢き殺すだけで済む。どうするのが正解か?」。要するに「5人を救うために1人を犠牲にすることは許されるのか?」という問題である。数値だけを見れば5人を救うために1人の命を犠牲にする方が正しくも見えるが、電車の進路を変えるという人の手が介入されることで、数値だけでは物事を図ることができない問題が話題を呼んだ。

正解は「正解は無い」だ。ひとそれぞれの倫理観や正義感は異なるために、答える人によって正解も異なる。しかし重要なのは自身の中で正しいと信じる答えを導き出すための数値に惑わされない技術を身に付けることだ。

先ほどの新型コロナウイルスの数値を思い出してみよう。メディアは新型コロナウイルスの危険性を訴え、視聴者に危機感を煽るために最適な数値を取り上げた。これが視聴率稼ぎなのか、それとも危機感を煽ることが感染拡大を抑え込むための最善の策と考えていたのかは不明だが、そこに意図が介入されていたと考えるのが自然だろう。

それほど数値は簡単にその姿かたちを変える。だからボクらは示された数値を鵜呑みにするのではなく、多角的に観察する習慣を身に付けなくてはならない。数値に翻弄されてはいけない。むしろ発信のバックボーンとして数値を武器にしなくてはならない。

# 時間の価値は
# 誰にでも
# 平等ではない

時間は一日二十四時間。でも時間の価値は人によって異なる。これは揺るぎない事実だ。先ほど述べた数値の可視化を時間に当てはめてみてほしい。あなたが昨日費やした時間は二十四時間が有意義だっただろうか。一分一秒を無駄なく使えただろうか。睡眠や食事は生きるうえで欠かせない時間的投資だが、それ以外の時間はどうだろう。仕事や勉学では該当する時間分の成果を得られただろうか。プライベートの時間でも同じだ。その時間であなたは何を生み出しただろうか。

天才的な企業家として名高いイーロン・マスクはロケットや宇宙船の開発・打ち上げを行うスペースXのCEO、電気自動車メーカーテスラモーターズのCEO、太陽光発電メーカーソーラーシティの会長といった三つの巨大組織の役職を受け持っている。そしてそれぞれのビジネスにおいても抜きんでた集中力を持って業務をこなしているが、これは「一握りの天才」だと言わざるを得ないものであり、ボクらが同じことがやれるかと問われればまず不可能だろう。

彼は会議中に電話で他の仕事を片付けたり、資料を確認しながら別件のメールを送信したりしていると言われており、プライベートでは子どもの面倒を見ながら、仕事の企画書

を送ることもあるそうだ。（その時の周囲の反応が冷ややかであろうことは想像に難しくないが）

また、イーロン・マスクは、カレンダーを5分単位に分割するという独自の方法でスケジュール管理をしていることからも、彼がビジネスにおいて時間というものに重きを置いていることが垣間見えてくる。

## 時間の価値は誰にでも平等ではない

時間の管理というのは時間の濃度に大きく影響している。その一例がコチラだ。

世界トップクラスの大富豪であるビル・ゲイツ、彼がマイクロソフト社を設立してから今までの報酬を換算すると秒給150ドルになるそうだ。時給でも分給でもなく、1秒で150ドルだ。眩暈のするような数字ではないか。だからビル・ゲイツは道端に100ドル札が落ちていることに気づいても、それを拾う価値がないと揶揄されている。

このことからも時給千円のアルバイトが費やす一時間とビル・ゲイツの一時間には天と地の差があることがわかる。

人にはそれぞれ生産力がある。それは今の社会的地位や能力、抱えているプロジェクトなど様々な状況に左右されるものだが、間違いなく生産力といった目に見えない評価軸は存在する。

しかし人は時としてその生産力を見誤ることで小さな損失を積み重ね、気づいた時には既に手遅れなほど大きな損失を生み出す危険性をも孕んでいる。

時間の価値は人に不平等であることを念頭に置くことは自分の生産力を明朗化し、必要に応じた時間配分を行うための自己分析だ。

ここでボクが言うのは概念であるため、少し理解に難しいかもしれないがイメージしながら読み進めてほしい。

テレビゲームの世界ではキャラクターにパラメーターが割り振られている。力だったり素早さだったり賢さだったり。しかしボクらにはパラメーターなどなく、自分たちが何をすればどのような成果が得られるかがわかり辛い。

しかし、ボクらの能力値は目には見えなくても確実に存在しており、その能力値が高ければ高いほど純度の高い成果を生み出せるのは感覚的に理解できるだろう。

そしてその目には見えない数値を意識して、限られた時間でどれだけ向上させることができるかがその後の成果を大きく左右する。

一日に手にする可処分時間でゲームをするか、本を読むか、それとも友人とお酒を酌み

# 時間の価値は誰にでも平等ではない

交わすか。何をするにもあなたの自由だ。しかし、そこで向上する目には見えない能力値は未来のあなたの行動を左右する。

ゲームも読書も飲み会にも正解はない。あなたが伸ばしたい能力値によって正しい行動は変化する。だからボクは「時間があるなら○○をしろ！」とは言わない。なぜならゴールによって求められる能力値が異なるからだ。

しかし、仮に目標達成に不必要な能力値を、時間という貴重な財産を投じて伸ばしているのならばあなたの行動は時間の無駄使いと言わざるを得ない。だってそうだろう。あなたの目の前に「俺は世界一のサッカー選手になりたいんだ！」と言っている少年が日がな一日テレビでバラエティ番組を見ては大爆笑をしていたら、その子に未来は感じないだろう。

時間とは積み重ねることで圧倒的な差を生み出すものだ。

あなたは仕事で悩んでいるのにスマホゲームのガチャに一喜一憂していないだろうか。または憂さ晴らしのための飲み会に時間を消費していないだろうか。それは限りなく時間の浪費であり、改善すべきポイントだ。

ボクが推奨しているのは長時間労働ではない。有意義な時間の使い方だ。そして有意義な時間の使い方とは目的に向かった時間の使い方だ。あなたが人生において「スマホゲー」をやることが目的ならば寝る間も惜しんでスマホゲーをすればいい。他にも漫画を読むことが目的だろうか？それともＹｏｕＴｕｂｅのおススメ動画をただ垂れ流しながら見ることが次のチャレンジに続く道だろうか。

もし違うと答えるのならばその時間をあなたの目的に向かう道を作るために費やしてほしい。あなたがもしゲームクリエイターならスマホゲーをやるのも大事な市場調査になり、あなたが漫画家ならば他の漫画家の作品を読むことで新しいヒントが生まれるかもしれない。ＹｏｕＴｕｂｅｒならどんな動画にニーズがあるのかを調査するために動画を片っ端から見漁るのも有益な時間だ。

では企業に勤めるサラリーマンならどうだろうか。本を読む、人と会うなど自己投資の仕方はいくらでもある。もしこれまで取り組んでいなかったならあなたの伸びしろはまだまだ残っていることになる。これは実に楽しいことではないだろうか。

## 時間の価値は誰にでも平等ではない

マルチタスク思考、仕事とプライベートで切り離すことなく連動性を持って時間と向き合えば自ずと今自分が何をすべきかが見えてくるはずだ。プライベートのために仕事があるわけではなく、仕事のためにプライベートがあるわけでもない。

ライフスタイルを一本化することですべての行動が紐づき、やがてあなたが投じる時間は相乗効果を生み出し何倍にもなってあなたのライフスタイルにフィードバックされる。

時間は有限であり誰にでも平等のように見える。しかしその時間を実りある時間とするかしないかで時間があなたにもたらす効果は天と地ほどの差を生み出すことになる。

目的とその目的達成に必要な能力値を理解すること、そしてそのために何をすべきか知っている人間と気づいていない人間では、勝つのは「知る」人間だ。

そして知る人間だけが目的に続く道に明るい光を照らすだろう。

# アナログを捉えろ

ここまでデジタル社会とアナログ社会では数値化の基準が異なることを問題提起した。ここからは少し感情論は横に置いておき、冷静に話を進めたい。アナログ社会ではデジタル社会の数値基準が適応されないからこそあなたたちの感性でそれらを数値化しなくてはいけない。

例えばあなたが気心の知れた友人と朝まで酒を酌み交わしたとしよう。仕事の話や趣味の話、最近合わなくなった友人の話で盛り上がり帰る頃には終電ギリギリだ。そこで深めた友情は飲食代の七千円以上の価値があっただろうか。友情は数値では測れない。しかし相手が本当に楽しんでくれているのか、自分は本当に一緒に過ごした時間を有意義なものと感じ取れていたのかを軽視してはいけない。

もし互いに本音のところでは「明日も忙しいから早く帰って寝たいなぁ」なんて思っているのならば、そこに投じたお金も時間もなんの価値も持たない。ドブに捨てたのと同じようなものだ。

人の感情を数値で勘定することは気持ちのいいものではないかもしれないが、ビジネスにおいて欠かせぬ要素だ。何故ならばあなたたちはビジネスにおいてクライアントからお金をもらうからだ。そこであなた（所属する組織）が受け取るお金はあなたがクライアントに提供した価値と同等といえるだろうか。

もしそこであなたがクライアントから受け取ったお金よりもクライアントに価値あるものを提供できなければ二度とあなたのもとに同じ依頼は訪れないだろう。

それがクライアント、更にはエンドユーザーから発生するお金で勘定できるのならばわかりやすい。しかしお金の価値が変化した今、それにとって代わるモノはいくらでもある。スキルであったり人脈であったり信用だ。

それらの数値化できないものをクライアントが求めている時、あなたはその目に見えない数値を明確にしたうえでビジネスに取り掛からなくてはならない。

日本では毎日のように犯罪が起きている。警察庁によると、全国の警察による二〇一七年の刑法犯の検挙件数は前年比で３．０％減の３２万７１０５件。検挙率は３５．７％だが、殺人や強盗、放火、強制性交などの重要犯罪の認知件数は約1万８００件に対して検挙率は８０．３％となっている。

これは目に見える数字として認知できるため、重要犯罪を行ったら検挙「されない」確率が20％、要するに5人が犯罪を犯して一人だけが逃げ切れるといった「割に合わない行為」であることがわかる。（仮に検挙されなかったとしてもその後に待っているのは時効までの逃亡生活だが）

テレビでたまに目にするコンビニ強盗。コンビニのレジに入っている現金などせいぜい十万から二十万円ほどだが、その金額のために８０％の確率で人生を棒に振るというのだから、その行為がいかに費用対効果の悪いものかがわかる。

恋人へのプレゼントも同じだ。一万円の美しい花束をプレゼントしたあなたは大きなものを手に入れることができる。恋人の笑顔であったりそれを見たあなたの幸福度だ。これは数値化できるものではないが、数値化しなくてはならない。何故ならばあなたは限られた時間や財産の中で恋人の満足値を満たしていかなくてはならないのだから、相手のことを考え抜いて最も喜ばれる結果を常に求めなくてはいけない。

これはビジネスにおいてクライアントの満足値を満たす行為にとてもよく似ている。

プライベートでは恋人の、ビジネスではクライアントの、あなたの一挙手一投足は常に何かを生み出しており、時にそれは大きなプラスを生み出すことがあれば意図せずマイナスの結果を生み出すこともあり、行動次第でその目に見えない数値は大きく変動してしまう。

ボクは議員として活動する中で、お金やモノにまつわる不道理な「ご配慮」を度々示されることがある。しかしボクは議員としてそれらのお金やモノを受け取った方が結果マイナスであることを知っているのですべてお断りさせていただいている。

しかしお断りをするとそれはそれで「あいつは人の善意をなんだと思っているのだ」と裏でやっかまれることがあり、このことからも自己満足で行われる善意はなかなかに厄介なものであることがわかる。プレゼントもビジネスも同じだ。あなたがいいと思ったものでも相手のニーズに応えていなければ満足値を高めることはできない。その点からも発信側と受信側の視点を兼ね合わせたアプローチを心がけなくてはいけない。

# インプットとアウトプットの黄金比

マルチタスクは仕事とプライベートを一本化し、人生をマネタイズすることにあるため、多くのインプットとアプトプットの機会に恵まれている。そのため一のインプットがあらゆる場面でアウトプットする可能性を秘めているし、同時に数多くの事業を相乗的に展開することで収入面にも直結する。

しかしインプットとアプトプットとのバランスは重要だ。インプットだけしてアウトプットの機会を設けない、逆にインプットが無ければ中身のないアウトプットを連発することとなり、どのシーンにおいても成果を挙げることは難しいだろう。要はバランスが大事だということだ。何故ならばインプットはアウトプットするために行われるものだし、アウトプットはインプットによる裏付けがあって初めて効果を発揮するものだからだ。

読書や講演に参加して得た知識もアウトプットしなければ知識として残らず、ただ勉強をしたという自己満足で終わってしまう。それでは意味が無い。

脳にインプットされた情報は海馬という脳部位に仮保存される。しかし、その保存期間は約二～四週間程度と言われており、その期間を過ぎると人間の脳から消去されることとなる。それを避けるためにも海馬の仮保存期間中にその情報を繰り返し使用することで脳は仮保存した情報を「この情報は頻繁に使うものだな」と判断をして長期間記憶するため

## インプットとアウトプットの黄金比

に側頭葉に移管して長期保存をするようになる。

このことからもインプットだけでは自己満足で終わってしまうため、定期的なアウトプットとセットで行わなくてはせっかく仮保存した情報も時間の経過とともに消去されてしまう。スポーツで体験したことがあるのではないだろうか。反復練習を繰り返すことでその動作が身体に染み付き、頭が動く前に体が動くといった経験を。あれだって繰り返しインプットすることで身体、ではなく実際は脳がその動作を記憶し、反射的にアウトプット可能となる。

ではそのインプットとアウトプットのバランスはどの程度が良いのだろうか。

コロンビア大学の心理学者アーサー・ゲイツ博士は百人以上の子どもたちに人名図鑑に書かれた人物プロフィールを覚えて暗唱させる実験を行った。インプット量とアウトプット量の割合をあれこれ調整し、最も高い結果を出したグループを調べた結果、最も高い成果を出したのはインプットとアウトプットが三対七のグループとなったそうだ。この実験結果からもインプットとアウトプットの黄金比は三対七といわれている。

これは子どもの脳といった柔軟性のある時期に行われた実験のため、どの世代にも同じ成果が得られるといったエビデンスにはならないが、インプットした情報を一度ではなく何度か繰り返しアウトプットするくらいが必要であるのは間違いないだろう。

そしてインプットの方法は人それぞれだが、ボクは「読書」と「人と会う」ことに重点を置いている。読書は関心のあるジャンルだけではなく、あえて関心のないジャンルの本も読むことで、ボクの事業と意外なポイントで繋がることがあり、これは自ら別ジャンルに手を出して初めて得られる利点だ。そしてとにかく幅広い業界の人と会って話を聞くことも大事だ。自分にとって利益を生み出してくれるであろう人とばかり会っていても目新しい発見は得られにくい。だって利益が出るであろうことが想定できているということは既に多くの情報を得ている可能性が濃厚だからだ。そしてボクらが思いつく範囲のことは皆が過去に取り組んでいる。だからこそあえて畑違いの人の話を聞くことは新しい発想を生み出す貴重な機会に化けるんだ。

そして思考を止めないこと。常にインプットの機会はあなたの周りに転がっている。食

# インプットとアウトプットの黄金比

事をしている時、音楽を聴いている時、それこそ木々の揺らめきを目にしている時もだ。すべてにマネタイズのヒントとなる情報が詰まっていて、その情報はあなたに何かしらの影響を与えている。それが何であるかを考え吸収することがインプットだ。

ではアウトプットはどうすればいいのだろうか。簡単だ、得た知識や情報を手あたり次第発信すればいい。既にボクらはいつでも発信できる環境にあるのだから。

一昔前であればアウトプットをするために友人と会ったり会社の同僚と飲みに行くといった機会を設けるのもそう簡単ではなかった。しかし、今は情報社会だ。スマホのロックを解除すればいつでもインターネット上に情報を発信可能だ。ましてやマルチタスク化で事業を展開しているのであればアウトプットの機会なんてビジネスを展開する過程でいくらでも作り出せる。

Ｔｗｉｔｔｅｒで呟くもいい、ＹｏｕＴｕｂｅで熱量を伝えるのもいい、もちろん友人とお酒を酌み交わしつつ熱い議論をするのも大切だ。

アウトプットした結果、思ったような反応や成果が得られなければ改善をしていけばいい。言いっぱなしでは意味が無い。インプットした情報をアウトプット、そしてその反応を確認して改善する。

改善点が見つかった時点であなたは既に次のステージに上がっている証拠だ。

# 青い海を探せ

ここまで一通りこれからの時代の生き抜き方について記載をしてきた。マルチタスク思考の実装から情報との付き合い方、そしてマネーリテラシーを高めること等々。最後はそれらを取り入れた後、どうビジネスを展開すればいいのか、具体的な行動の起こし方を書いていこうと思う。

ボクらは常に多くの人々と交わっている。インターネット上のビジネスだってディスプレイの先には人がいて、その人たちがクライアントとしてお金なり情報を提供してくれるから成り立っているわけであり、誰もいない草原でどれだけ崇高な教えを説いてもそこに人がいなくてはビジネスは成立しないのは当然の話だ。

だからボクらがまず目を向けるべきは人であり、それ以外のものはすべて二の次と考えるべきである。間違っても目先の利益を求めてはいけないことは繰り返し述べてきた通りだ。

往々にしてビジネスを「戦い」と表現する人がいる。いかに他社よりも安くできるか、いかに他社よりも品質の高い製品を生み出すか、いかに他社を出し抜くアイデアを絞り出すか、激しい戦いを通して勝ち抜いた企業が成功であると世間では評価される。これは間違いではないし、そのような企業があるからこそボクらは豊かな生活を送れているのも事実だ。

しかし、何をやってもマネタイズできる今の時代において、企業戦士だけが正解ではないことを踏まえると、あえて「戦わない」選択肢に手を伸ばすことを提言したい。戦って勝ち抜くのではなく、戦うことなく突っ走る生き方だ。

ボクは起業した時、世の風潮的にはまだまだ広告はアナログ媒体が中心だった。自宅のポストにはファミレスやスーパーマーケットの折込チラシが毎日のように投函され、美容室や不動産の店頭にはポスト型のクリアボックスが設置されており、その中には三つ折りのパンフレットがぎっしりと詰まっている、そんな時代だった。アナログ広告とデジタル広告、どちらが多くのシェアを占めていたかといえばアナログ広告であることは間違いなかった。

今でこそノーコードのホームページ作成サービスが増えたことでサイト開設までの手間が軽減されたこともあり、企業の規模問わずほとんどの企業が自社サイトを持っているようになったが、当時は自社サイトというとパソコンに明るい人が個人で所有するか、ある程度の規模を有する企業がブランディングの一環に結構なお金をかけて開設する、そんなイメージだった。

ボクは十八歳の頃からホームページを立ち上げ、アフィリエイト広告でお小遣い稼ぎをしていた。そのためホームページ開設に対して特にこれといったハードルを感じることが無かったため、起業の際には今後伸びるであろうシェアにターゲットを定めてデジタル広告業を始めた。起業する際はターゲットが重要であり、目を向けるべきは人であると書いたのはこれだ。起業をするならばターゲットのシェアを徹底的に調べ上げること。それは現時点の数字だけではなく、過去の推移から未来予想を立てることを忘れてはいけない。ボクは企業サイトの需要は今後ますます伸びることを予想していたため事前知識のあるこのジャンルを選択した。

情報は時代を加速させた。一年後には今まで名前すら聞いたこともないようなスタートアップ企業が世界中を熱狂の渦に巻き込むようなサービスを開発するかもしれないし、誰もが知るような大手企業が突然の業績不振で倒産してしまうことだってあり得る話だ。もはや安定なんて存在しない時代でビジネスを展開するならば、過去と今、そして同時に未来をも視野に入れなくてはいけない。

仮に今あなたがビジネスをするならば、多くのシェアを占めている、要するに多くの人

# 青い海を探せ

が集まる場所にアプローチをするのは得策ではない。何故ならばそこは既に多くの商法が集まっており、血で血を洗う激しい価格競争が行われている加熱した市場だ。狙うべきは「今」ではなく「未来」にシェアを占めるであろう分野。そこは戦いにあふれたレッドオーシャンではなく、競争相手のいない未開拓市場、いわゆるブルーオーシャンだ。日々変化を遂げる現代、ブルーオーシャンは毎日のように生み出されている。しかし美しい青い海もやがては新規参入企業がハイエナのように集まり赤く染まる。その時にはまた未開の海に移動できるようブルーオーシャンにいる間に次のブルーオーシャン候補を探しておくことだ。

　これからの時代は戦う時代ではない、探求する時代だ。皆が戦っている間に次の青い海を探すことだ。これが戦わない生き方だ。

　そんなわけでボクの会社は十年前に零細企業をターゲットとしたデジタルコンテンツを中心に事業をスタートした。とはいえその形はコロコロ変わっている。起業したての頃はホームページ作成を主軸としていたが、今ではSEO対策やリスティング広告といったWEB管理といったホームページ作成から親和性の高い業務がメインコンテンツとなっている。とはいえ正直なところその分野もかなり参入者が増えているため、既に業界は真っ赤に染まっている。そのため今はWEB管理と親和性の高いRPAやビッグデータ活用を中小企業へ導入するための仕組みづくりに取り組んでいる。

RPAやビッグデータを活用した情報分析などはまだまだ参入障壁が高いため、競争相手が少なく販売単価が高い。ボクの場合は組織として動いているため、その組織を維持するためにある程度の金額設定をしなくてはならないが、これを副業やフリーランスで行えば一気に価格破壊を起こすことも可能だ。

副業の強みはフットワークの軽さだ。それは行動が早いとかではなく、方針の切り替えが瞬時にできること。時代の変化に乗り遅れない一つの方法は組織を無駄に肥大化しないことかもしれない。

ではブルーオーシャンに飛び込めば誰もが成功するのかというとそれほど簡単な話ではない。いくらライバルのいない海の中でもあなた自身が提供するモノやサービスに価値が無くては誰も目を向けてくれないだろう。そのためにもあなた自身の希少性を高める必要がある。これを考えずに運よくブルーオーシャンに身を置くことができたとしても、何一つマネタイズもできずにあっという間にあなたの周りは赤い海へと色を変えてしまうだろう。

輪を拡げる話は既にしたが、あれは企業、または副業を行ううえでの失敗率を下げるための手法だが、少し視点を変えるとあなたの存在価値を高める手法に早変わりするので是非目を通していただきたい。

一言でいえばあなた自身の「資産価値」を高めることだ。ぶっちゃけた話、これからグルグル変化をし続ける社会で持続的なニーズに応え続けていくことは不可能だ。ならば目先のニーズを追うのではなく、多くの武器を掛け合わせることで希少価値を上げていく。そのためにはあなた自身を希少性の高いものに変化させ、資産価値を爆上げしていかなくてはいけない。

漫画や映画で考えるとわかりやすい。例えばさえない男の子が友達と共に困難を乗り越える。こんな平凡なストーリーでも「そこは魔法の世界」という要素をプラスするとハリー・ポッターとなり、「未来のロボット」といった要素をプラスするとドラえもんとなる。（もちろんこれらの作品は設定だけではなく緻密なストーリー構成があり大ヒットとなってい

ることも忘れてはいけない）

もしあなたが類稀な頭脳や天才的なひらめき、人類最強の筋肉を持つのならば何も言うことはないが、ここから先はあなたが凡人であることを前提に話を進めたい。

希少価値を上げる最も簡単な方法は複数の武器を持つことだ。デザイナーならばデザイン力、コックなら料理の技術、歌手なら歌唱力など、その職に就くにあたり必須のスキルに人は注力しがちだが、それこそ皆が皆切磋琢磨している分野で競争するなんてのはレッドオーシャンに自らダイブするようなものだ。

ハリー・ポッターやドラえもんのようにプラスアルファの要素を付与するだけであなたの希少性は向上するし、それが二個三個と親和性の強いコンテンツを身に付けることであなたの価値そのものが格段に向上する。

おいしいだけのレストランは生き残れない。どれだけ魅力的なプラスアルファの要素を組み込めるかがキモだ。そこで働く人か、価格か、サービスか、それともロケーションか。東京ディズニーランドのアトラクションからディズニー要素を排除して人が集まるだろうか。アトラクションは同じだ。そこで味わえる疾走感も同じはずだ。それでも人は集まらないだろう。ボクらはディズニー×アトラクションといった他では味わえない夢の世界を堪能できるから東京ディズニーランドまで足を運ぶんだ。

あなたには従事している仕事で求められている業務内容がある。それのスキルを高めることはもちろん大切だが、その先に待っているのはよりレベルの高い争いしかない。あなたが目指すのは歌が上手いだけの歌手ではない。歌って踊れて、なんならアニメに詳しい歌手を目指してみてはどうだろうか。歌を上手に歌える人が世の中に十人いたとしよう。その十人の中で歌いながら踊れる人となるとせいぜい3〜4人だろう。そして更にその中でアニメに詳しいとなれば生き残るのはあなた一人だ。

複数の特技を組み合わせることで希少性が高まる。だからマルチタスク思考は希少性を高めることからあなた自身の価値を押し上げてくれる。

とはいえ親和性を忘れてはいけない。仮にあなたがオリジナリティあふれる老人ホームを経営しようと年がら年中ハードロックを大音量で流していたら入所するご老人への負担は計り知れない。

# 最後に

これまでマルチタスク思考をはじめ、情報化による価値観の変化、お金と信用の関係、そして具体的アプローチ手法について書き連ねてきた。

あらゆる分野の偉人と言われる人々を事例に裏付けのある内容としたつもりだ。

マルチタスク思考はこれからの社会に欠かせない思考法であると自負しているが、それでも一部からは「自分にはできない」だの「できるのは一部の人間だけだ」なんて声が聞こえてくるがそんなことはない。ボクは二十代で起業して三十歳で市議会議員に初出馬の初当選。その後三回連続で当選すると同時に事業を拡大しながら現在に至る。と、一見すると順風満帆な人生のように見えるかもしれないが、ボクは家庭環境に恵まれていたわけでもなければ、学のある人間でもない。だからあなたたちがもし「自分にはできない」と思っているならばそれは誤った思い込みであり、チャレンジする権利は皆が等しく手にしている。

誰だって生まれてくるときは何も持たない赤子だが、成長するにつれて歩くこと、話すこと、モノを扱うことができるようになる。いや、既にテクノロジーの力は人体の特性に代替えする技術すらも生み出し、それらの行動すらも価値を失い始めている。

それだけ今の社会はまったく新しいスタートラインを作り出し、年齢、性別、国籍、障害の有無を問わず誰もが人生を謳歌できるチャンスを手に入れた。

それと同時に政治がもたらす力は相対的に弱体化し、社会保障制度はボクより若い世代はほとんど期待できないほど瓦解している。だからこそこの自由な社会において自由な発想を用いて自由なチャレンジをして、ボクらの価値を高めていかなくてはならない。

仮にあなたがチャレンジをして失敗したとしても失うものなんてたかが知れている。幾ばくかのお金とプライドだけだ。一時あなたを笑うものがいるかもしれないが、安全圏で人のチャレンジを笑うような人間の評価があなたから何を奪えるだろうか。

時代は今、次代を生きるあなたたちに圧倒的に有利な社会となった。ボクらはいつでもどこでも誰とでも繋がることができる環境にあり、多くの情報があなたに過去の成功や失敗を教えてくれる。

もしあなたの悩みが過去二百年誰も抱えたことが無いような悩みならば殻に閉じこもって悩むしかないが、あなたの悩みは必ず誰かしらが過去に抱えていた悩みだ。情報社会という繋がる覚悟を持った人間ならば約四十三億人という人があなたに語り掛けありとあらゆるアドバイスを授けてくれる。

人生は長いようで短い。社会に出るまでの約二十年。社会に出てからは約五十年。あなたは今どこに立っているのか。動き出すのに遅いということはあっても早すぎるなんてことは絶対にない。学生が起業をする時代、定年後にインターネットを用いて商売を始める時代、あなた自身が何かとんでもないと思える行動を起こしたとしても、この広い世界から見ればそれほど大したことじゃないんだ。だから何も心配はいらない。

しかし人類繁栄の背景にあるのは伝承だ。人が人にあらゆる事象を伝えることで人類は繁栄してきた。次代を生きるあなたたちに伝えるのがボクら世代の担いであり、あなたたちはそのまた次の時代を生きる若者たちに伝えていかなくてはならない。

そのためにも過去の慣例に流されることなく、社会変化を凝視した先に見える新しい時代の歩み方を伝承する、その未来の先人としての責任を全うしていかなくてはならない。

二十年度、三十年度には更に社会は大きな変化を遂げているだろう。きっと今のボクらでは想像もできないほどの変化が起きているはずだ。

チャレンジに年齢は関係ないと言ったが、若いほどたくさんのチャレンジの機会に恵まれている。次代を生きるあなたたちが可能性の芽を育てるのも摘むのも自身の行動次第だ。

最後に、次代を生きるあなたたちは前例のない社会を生き抜いていかなくてはならない。それは時に困難な道にもなりうるが、その反面、自分たちで新たな時代を築き上げることができる「やりがい」と「責任」に恵まれた世代でもある。その事実に気づくことがQOLを高める最たる方法だろう。

本書で解説してきたマルチタスク思考が次代を生きるための処方箋ではない。その答えは一括りにできるほど単純な社会ではなくなったからこそ多くの原体験があなたの視座を高めてくれる。

自己を磨け。俯瞰的に見ろ。お金の正体を見極めろ。既存の常識を疑え。思考を止めるな。失敗を恐れるな。価値を生み出せ。チャレンジをしろ。そして、次代を創れ。

あなたたち一人ひとりの新たな価値を生み出すための行動が、次代を明るく照らすことを、ひいてはこの国をより豊かに、希望に満ちあふれた未来を創造することを心から期待しています。

明ヶ戸亮太

## ▶著者プロフィール

# 明ヶ戸 亮太（あけど りょうた）

1981 年、埼玉県川越市生まれ。29 歳で事業を立ち上げ、30 歳で地元の川越市議会議員選挙に初出馬、初当選（現在三期目）。
株式会社クリエイトワン代表取締役。ファイナンシャル・プランナー。ICT コンサルタント。メンサ日本人会員。
言葉を視覚化する AR アプリ「iCONTACT」をプロデュース。2021 年に新教育システム「LiteLabo（リテラボ）」を開講。
マルチタスク・ラボ https://www.akedo.info/
Twitter:@akd_r

# マルチタスク思考

2021年2月22日　第1刷発行

著　者　　明ヶ戸 亮太
発行者　　日本橋出版
〒103-0023　東京都中央区日本橋本町2-3-15
共同ビル新本町5階
電話：03-6273-2638
URL：https://nihonbashi-pub.co.jp/
発売元　　星雲社（共同出版社・流通責任出版社）
〒112-0005　東京都文京区水道1-3-30
電話：03-3868-3275




ISBN：978-4-434-28105-1　C0034

定価はカバーに表示してあります。
落丁・乱丁本はお手数ですが小社までお送りください。
送料小社負担にてお取替えさせていただきます。